메타버스, 이젠 실행이다.

초판 1쇄 발행

지은이 안무정
펴낸이 백송이, 윤재희
펴낸곳 (주)안드레의 바다
　　　　(02842)서울특별시 성북구 개운사2길 48 고려대학교 서울캠퍼스 R&D센터 6층 638B호
전화 070-4388-9366, +82-10-8277-9366
이메일 ssong34@andrebada.com
출판등록 2000-000006호
검수 정윤경
표지디자인 채송화
편집 및 인쇄 기쁨 D&P
ISBN 979-11-977394-8-4(03320)

값 17,000 원

- 이 책의 판권은 지은이와 안드레의 바다에 있습니다.
- 잘못된 책은 구입하신 곳에서 바꾸어 드립니다. 본 서의 무단복제행위를 금합니다.
- 저자와 협의하여 인지첨부를 생략합니다.

메타버스 문화는 선택이 아닌 필수이다.

메타버스
이젠 실행이다

저자 안무정

| 프롤로그 | 6 |

Chapter 1 2003 세컨드 라이프 그리고 2022 메타버스 9
- 메타버스는 아바타의 소유에서 시작된다 — 10
- 기술의 파고에서 찾은 진실 — 12
- 이미 왔던 메타버스 — 15

Chapter 2 코로나가 가져온 기회와 위기 19
- 코로나 19 비대면 문화를 이끌다 — 20
- 언택트의 구원 투수 원격화상 솔루션 — 23
- VR 게임방 — 27
- IPTV — 29
- OTT와 영화관의 대결 — 31

Chapter 3 메타버스를 디자인하라 35
- 메타버스 새로운 공간 — 36
- 메타버스 구성과 디바이스 — 39

Chapter 4 지속 가능한 메타버스의 조건 45
- 위드 코로나 — 46
- 메타버스는 유행이 아니라 패러다임이다 — 49
- 메타버스 패러다임의 동력 — 55

Chapter 5 메타버스 선택과 소유의 이슈 59
- 메타버스 과유불급 — 60
- 메타버스 활용의 시작 — 62
- 메타버스 플랫폼 소유냐? 임대냐? — 70
- 메타버스 플랫폼 기능 요소 — 71
- 메타버스 플랫폼 도입 5단계 절차 — 77

- 메타버스 캐즘(Chasm)과 롱테일(Long tail)   81
- 메타버스 세상의 모든 기술을 빨아들이는 블랙홀   85

Chapter 6   실행 가능한 서비스에 집중하라   89

- 혼합 정보 큐레이션   90
- 증강 라이프   92
- 협력 제조설계   94
- 교육   97
- 가상 오피스   100
- 관광   102
- 의료   105
- 전자정부   108
- 쇼핑   110
- 엔터테인먼트   112
- 디지털 아트   114
- 경제적 관점에서 본 메타버스   117

Chapter 7   메타버스 핵심 역량   123

- 메타버스 기획자는 King 개발자는 Queen   124
- 게이미피케이션 메타버스를 플레이하다   130

Chapter 8   메타버스로 떠나는 여정   135

- 메타버스 퍼스트 무버(First Mover)   136
- 일자리 고갈과 메타버스   142
- 메타버스 문화를 만들어라   144

에필로그   148

감사의 글   150

프롤로그

메타버스는 패러다임이다

메타버스는 2000년대 세컨드 라이프라는 이름으로 우리에게 이미 왔던 적이 있다. 신기술이 출현하면 미디어는 산업적 관심을 유도하면서 산업의 신기술 활용 시도를 장려하고 가치를 판단하게 한다. 가치가 있다면 확산되고, 없다면 저녁 노을처럼 잠시 화려한 빛을 내다가 이내 사라진다. 아무리 좋은 기술이라도 확산을 결정하는 캐즘(Chasm)을 넘어야 한다. 2000년 중반에 왔던 메타버스도 기술적 가치는 있었으나 확산을 이끄는 사용자 계층의 이탈이 메타버스가 사라진 결정적인 원인이었다. 그런데 이미 왔던 메타버스가 부활한 이유를 알아야 한다. 코로나 19는 우리에게 당연시되었던 사회 프로세스의 대면 방식을 비대면·비접촉으로 혁명적으로 변화시켰다. 코로나 19가 온 지 2년도 안 된 시간에 비대면·비접촉의 혼란과 불편함이 만들어 낸 적응과 응용은 비대면·비접촉을 우리의 문화로 자리 잡게 했다. 위드 코로나로 우리의 삶은 이전 모습으로 점진적으로 회복할 것이다. 그래서 광풍처럼 다가왔던 메타버스의 관심이 시들해지고 사회적 어젠다에서도 멀어질 것이라는 회의론도 있다. 하지만 비대면·비접촉 문화는 메타버스 확산을 주도하는 강력한 동력이 될 것이다. 문화는 일시적인 관심과 흥미가 아닌 패러다임이다. 문화를 만들지 못하는 기술은 생존할 수 없다. 메타버스 주도 세대가 MZ세대라고 하지만 좀 더 세분화하면 Z세대가 지금의 주도 세대이고 진정한 메타버스 세대는 알파세대이다. 향후 메타버스는 위드 코로나와 경제적 관점에서 소셜 메타버스, 오피스 메타버스 그리고 디지털 트윈 메타버스로 수렴될 것이다. 소셜 메타버스는 게임적 특성이 강한 메타버스로 홍보·마케팅, 브랜드 강화, 조직문화 활성화 같은 커뮤니티, 엔터테인먼트 그리고 전시·행사를 지원한다. 오피스 메타버스는 원격 연결의 특징을 가지며 가상의 업무 공간, 회의, 교육, 세미나, 국내외 컨퍼런스와 정보 공유를 지원한다. 디지털 트윈 메타버스는 현실 세계와 가상 세계를 양방향 복제하는 특징을 가지며 도시의 라이프 사이클 정보를 담고 있는 스마트 시티, 공장 생산 정보를 담고 있는 스마트 팩토리를 지원한다. 디지털 트랜스포메이션(DX, Digital Transformation)은 클라우드, 사물인터넷, 빅데이터, 인공지능 기술을 기업 프로세스에 접목하여 민첩하고 정확한 의사결정과 예지적 대처 기반을 구축하는 데 목적이 있다. DX에 절대적으로 필요한 것은 조직의 유연성과 개방성이다. 무거운 조직이 아닌 프로젝트 기반으로 팀이 조직되고 분산되는 레고블록 같은 동적인 조직 구성력은 기업의 경쟁력이 될 것이다. 국내외 유능한 인재가 쉽게 기업 조직에 참여하고 공동 프로젝트를 할 수 있는 업무환경을 지원해야 한다. 기업 조직의 유연성과 개방성은 메타버스가 대안이 될 것이다. 기업은 곧 다가올 알파세대를 위한 메타버스 문화를 Z세대를 통해서 만들고 경험하고 발전시켜야 한다. 고도화된 메타버스는 국내뿐만 아니라 해외 알파세대들이 모이고 연결할 수 있는 기반으로 활용될 것이다. 메타버스 공간의 전략적 활용에 따라 기업의 생존이 결정될 것이다. 정부 부처도 정치 정당도 교육도 문화도 다르지 않다. 유연하고 개방적인 메타버스 문화는 선택이 아닌 필수이다.

Chapter 1

2003 세컨드 라이프 그리고
2022 메타버스

- 메타버스는 아바타의 소유에서 시작된다
- 기술의 파고에서 찾은 진실
- 이미 왔던 메타버스

2003 세컨드 라이프 그리고 2022 메타버스

● **메타버스는 아바타의 소유에서 시작된다**

초등학생도 메타버스를 이야기한다. 실로 메타버스는 전 시민이 아는 주제가 되었다. 그런데 메타버스 관련 기사나 보고서, 책을 보면 첫 시작은 메타버스는 "가상, 초월을 의미하는 메타(Meta)와 세계, 우주를 의미하는 유니버스(Universe)를 합성한 단어이다."이다. 좀 더 긴 설명도 있다. "메타버스 세계는 정치와 경제·사회·문화의 전반적 측면에서 현실과 비현실이 공존하는 생활형과 게임형의 가상 세계를 의미한다."[1] 사실 이런 추상적인 사전적 정의는 메타버스의 이해보다는 오히려 혼란만을 가져다준다. 영화 〈써로게이트(Surrogates, 2009)〉에서 늙은 브루스 윌리스를 대신하는 아바타 젊은 브루스 윌리스가 사건을 조사하는 장면이 나온다. 영화에서는 인간의 한계에서 벗어나고자 써로게이트를 사용한다. 차이는 있지만 지금 우리도 메타버스 공간에서 자신의 아바타를 가질 수 있다. 회의를 위해 게더타운에 접속하고, 게임을 위해 로블록스에 접속하고, 발표를 위해 이프랜드에 접속하고, 야유회를 위해 제페토에 접속하고, 강의를 위해 인게이지에 접속한다. 각기 목적은 다르지만 우리는 영화 〈써로게이트〉처럼 자신의 아바타를 통해 메타버스에 존재한다. 자신의 아바타를 가상 공간에 만들고 소통하고 교류하는 가상 세계의 활동이 메타버스의 본질이다. 우리가 그동안 사용했던 웹, 모바일에서는 글과 사진 그리고 동영상으로 자신의 존재를 2차원으로 표현했다면 메타버스에서는 아바타를 활용하여 3차원적으로 표현할 수 있다. 메타버스는 자신의 아바타를 소유하는 것으로부터 시작한다.

---

1) 위키피디아

● **기술의 파고에서 찾은 진실**

메타버스가 오기 전에 세 번의 기술 파고가 왔었다. 그것은 3D 콘텐츠, 3D프린팅, VR/AR이다. 2009년 영화 〈아바타〉가 개봉되었을 때 제임스 카메론의 뛰어난 3D 제작 기술은 일거에 사람들의 눈을 사로잡았다. 아바타 경제적 효과를 분석한 자료가 나올 정도로 3D 콘텐츠는 황금알을 낳는 블루칩이었다. 정부에서는 3D 콘텐츠 제작 사업을 활발히 지원하였다. 하지만, 실제 돈을 번 사람들은 제임스 카메론과 카메라 제작업체였다. 왜 3D 콘텐츠 산업이 높은 파도에서 잔잔한 파고가 되었을까? 사실 3D 콘텐츠를 만들기 위해서는 왼쪽 눈과 오른쪽 눈을 위한 양안 영상을 만들어야 해서 제작비용이 기본적으로 2배가 든다. 그런데 문제는 비용이 두 배 든다고 해서 영화 티켓 가격을 두 배로 올리기란 불가능하다. 제작비용이 대규모로 투입되는 3D 영화는 할리우드에서나 가능한 일이다. 어설픈 3D 영화 제작은 흥행 실패로 직결되었다. 3D TV를 만들었지만 정작 볼 수 있는 3D 콘텐츠는 없었다. 높은 제작비용과 낮은 공급 가격이 3D 콘텐츠 산업의 발목을 잡은 결정적인 원인이었다. 영화 〈아바타〉처럼 탄성을 자아내는 3D 영화가 아니면 배급사의 지갑을 여는 것은 불가능했다는 말이다. 3D프린팅도 높은 파고로 다가왔었다. 일부 산업에서 3D프린팅을 사용하고 있지만 3D프린팅이 전 산업 영역에 확산되기에는 한계가 있었다. 공장뿐만 아니라 가정에서도 필요한 것을 3D프린팅 해서 직접 생산·소비하는 생태계를 만드는 데 실패했다. 가정에서 커피 메이커를 가지고 취향에 맞는 커피를 만들어 마시는 것처럼 3D프린팅을 가정에서 사용했다면 3D프린팅은 지금과 다른 상황이 되었을 것이다. 3D프린팅의 개념은 좋으나 이를 위한 원료와 3D프린팅 프로덕션 과정은 생각보다 복잡했고 결과물의 만족도는 낮았던 것이 3D프린팅의 한계였다. VR/AR은 지금의 메타버스처럼 정말 뜨거웠다. 많은 게임이 VR/AR 기술을 활용해서 출시되었고 산업체에서도 VR/AR에 큰 관심을 가졌다. 일부 기업에서는 VR/AR을 활용하여 장비 사용자 교육과 원격 정비에 도입하였으며 소방, 국방 훈련에도 활용하였다. 문제는 VR/AR 기술에는 HMD(Head Mounted Display)와 같이 디바이스를 착용해야 하는데 장시간 착용하는 데 어려움이 있고 휴먼 팩터(Human Factor)를 고려하지 않은 어지러움 유발로 산업 전반에 확산하는 데 한계가 있었다. 또한, VR/AR 콘텐츠를 만드는 데 투입 비용과 익숙하지 않은 기술체계 확보[2]도 한 몫했다. 그나마 VR/AR 산업을 이끌었던 게임 분야는 코로나로 직격탄을 맞아서 전국 테마파크, 게임방에 설치된 VR/AR 게임은 찾아볼 수 없게 되었다. 그런데 아이러니컬하게도 코로나로 명맥을 유지하기 어려웠던 VR/AR 업체가 코로나로 다시 극적으로 기사회생하는 일이 만들어졌다. 코로나로 집에 있는 시간이 길어짐에 따라 콘텐츠의 소비가 많아지면서 색다른 콘텐츠가 필요하게 되었는데 이때 IPTV 업체들이 VR 콘텐츠를 공급하게 되었다. 360도 카메라로 촬영한 뮤직비디오나 이국적인 자연 경치를 보여주는 콘텐츠였다. 사람들이 못 모이니 엔터테인먼트 매니지먼트 회사에서는 360도 화면으로 콘서트를 시도할 수 밖에 없었다. 그러다가 2020년 초 메타버스의 부활로 VR/AR 업체는 메타버스의 파도를 타면서 화려하게 메타버스 회사로 변신하였다.

---

2) 언리얼, 3D 유니티와 같은 게임 엔진 기반 개발, 오큘러스, 홀로렌즈와 같은 HMD 디바이스 활용, GPU 서버 등 VR/AR 콘텐츠 제작 및 애플리케이션 개발 기반 구축

● 이미 왔던 메타버스

3D 콘텐츠, 3D프린팅, VR/AR처럼 메타버스도 이미 우리에게 한번 왔던 적이 있었다. 세컨드 라이프(Second Life), 싸이월드(Cyworld)처럼 인터넷 기반의 가상 공간에서 이용자('거주자')가 다른 아바타와 상호 교류하는 페이스북과 같은 소셜 네트워크 서비스가 한창 인기가 있었던 적이 있었다. 실제 2008년에 발표된 메타버스 논문[3]을 보면 놀라울 정도로 지금처럼 뜨거운 분위기를 전달하고 있다. 구글, 마이크로소프트, 소니가 차세대 메타버스를 선점하기 위해 경쟁하고 있다는 내용과 메타버스가 발전하기 위해 해결할 숙제도 제시하고 있다. 이를테면, 이용자들이 더욱 쉽게, 오랫동안, 더욱 재미있게 머물고 싶은 메타버스 개발의 필요성과 게임 강국의 인프라와 역량을 활용해서 차세대 메타버스 개발을 주문하고 있다. 많은 경제 컨설팅 회사에서 지금처럼 장밋빛 메타버스의 청사진을 그렸다. 2000년 초 '다다월즈'라는 메타버스가 국내에서 오픈되었는데 지금의 메타버스와 견주어도 절대 뒤지지 않을 만큼 혁신성이 뛰어났다. 다다월즈가 오픈했을 때 삼성증권, 영풍문고, 동아일보 등이 가상 토지를 구입하여 사무실을

3) 서성은, 메타버스 개발동향과 발전전망 연구(2008), 이화여자대학교 대학원

열었다. 실제 아바타가 가상의 점원과 채팅할 수 있었고 거래를 위해서 결제를 연동하는 시도도 하였다.[4] 그런데 아쉽게도 다다월즈는 메타버스 운영 동력을 상실하게 되었는데 그 이유는 IT 버블의 붕괴로 지속적인 투자를 유치하는 데 어려움이 있었고 고해상도 그래픽 처리와 5G가 없었던 시기에 자연스럽고 실감 나는 가상 세계를 구현하는 데에 아무래도 한계가 있었다. 한 가지 첨언을 한다면 다다월즈에서 제공하는 가상의 메타버스 세계는 처음에는 유행처럼 관심을 이끌었지만, 메타버스 세계를 떠나지 않고 체류하는 시간을 유지하는 동인이 부재했다. 굳이 직접 은행 창구에 가면 되지 가상 공간에서 가상의 점원과 이야기하는 것에 매력도가 없었다. 일시적 유행이 아닌 지속 가능한 패러다임으로 진화하는 데 실패했다. 비단 다다월즈만의 한계는 아니었다. 이 부분은 지금의 메타버스가 극복해야 할 현재 진행형의 숙제이다. 메타버스 세계를 경험하고 다시 찾아가고 떠나지 않는 지속 가능한 동인이 절대적으로 중요하다. 자신을 대표하는 아바타가 자유롭고 안전하게 소통하고 창조적 가치를 생산하고 소비할 수 있는 것이 리얼 메타버스이다. 2008년 이후 일찍 찾아왔던 메타버스는 잔

---

4) https://namu.wiki/w/다다월즈(나무위키)

잔한 파고를 남기고 우리의 관심에서 잊혀진 세계가 되었다.

Chapter 2

코로나가 가져온 기회와 위기

- 코로나 19 비대면 문화를 이끌다
- 언택트의 구원 투수 원격화상 솔루션
- VR 게임방
- IPTV
- OTT와 영화관의 대결

코로나가 가져온 기회와 위기

● 코로나 19 비대면 문화를 이끌다

지인 중 한 분이 목동에서 수학학원을 운영하다가 학원 수학의 한계에서 벗어나기 위해 화상 기반 교육시스템을 개발하였다. "그 이유는 스토리텔링이 없는 수학은 입시를 위한 수단일 뿐이다. 삼각함수를 왜 배우는지 어디에 활용할 수 있는지 그 이유를 모르고 문제 풀이 중심의 수학은 응용력을 키우기 어렵다는 이유에서였다." 사실 수학은 빅데이터, 인공지능뿐만 아니라 산업 전반에 활용도가 광범위하다. 하지만 수학을 배우는 이유와 활용을 모르면 모래성일 뿐이다. 지인은 이런 문제점을 해결하기 위해서 화상으로 선생님과 학생을 연결하고 학생이 부족한 부분을 선택해서 집중적으로 원리를 배우고 언제든지 질문을 할 수 있는 환경을 제공했다. 공간과 시간의 한계를 화상 기반 교육시스템으로 해결하고자 했다. 하지만 학원도 학교 수업처럼 집을 나와서 학원에 가지 않으면 공부하지 않는 것 같은 심리적 불안감이 여전히 학부모와 학생에게 자리잡고 있었다. 그동안 익숙했던 만남의 문화는 우리의 의식에 확고히 자리잡은 심리였다. 이런 이유로 지인이 개발한 솔루션은 5년이라는 기간 동안 빛이 보이지 않는 인고의 세월을 보냈고 사업을 포기하고 싶은 유혹에 시달려야 했다. 그런데 코로나로 예상하지 못한 기적 같은 반전의 서막이 올랐다. 갑자기 찾아 왔다가 메르스처럼 시간에 따라 통제가 되는 것처럼 보였다가 순식간에 전국으로 퍼진 코로나는 대한민국을 혼란으로 밀어 넣었다. 전 산업 영역에서 우리가 경험하지 못한 비대면·비접촉으로 일상이 송두리째 바뀌었다. 공공, 기업, 유통, 서비스 등이 비접촉으로 일하는 방식을 변경하는 데 많은 시

행착오를 경험했다. 특히 교육은 심각했다. 갑자기 대면에서 비대면으로 수업 방식을 변경하는 데에 학교마다 대처 방안이 천차만별이었다. 학교와 교사의 대처 역량에 따라 비대면이지만 대면 교육과 같은 고퀄리티 수업을 학생에게 제공한 학교가 있는 반면 그렇지 못한 학교가 있었다. 코로나를 어떻게 잘 대처했느냐에 따라 학생의 학업 격차는 확연히 드러났다. 온라인과 오프라인을 적절히 잘 연결하는 하이브리드 교육은 코로나 이후에도 변하지 않는 방식이 될 것이다. 코로나가 그 보수적인 교육계를 비대면 교육으로 전환하는 데 일 년도 안 걸렸다는 말도 있다. 지금 지인이 운영하는 화상 교육 시스템은 날개를 달았다는 소식을 들었다. 아이러니하게도 코로나라는 비접촉 문화를 이끈 혁명과 같은 혁신이었다.

● **언택트의 구원 투수 원격화상 솔루션**

　영화 〈러브 액츄얼리(Love actually)〉는 히스로 공항 출구에서 가족, 친구, 연인이 만나는 장면에서 시작된다. 영화가 끝날 때도 히스로 공항 출구를 보여 주는데 가족 간 친구 간 연인 사이 만남의 가치를 더 소중하게 느끼게 한다. 코로나가 전 지구를 뒤덮은 이후 당연히 누려왔던 이동과 만남을 한순간에 정지시켰다. 코로나는 인류가 전혀 경험하지 못한 가상의 세계로 인도하였다. 물리적 거리와 시간을 제거한 네트워크를 통한 화상으로 접촉의 만남이 아닌 비접촉의 만남을 시작했다. 직장인이라면 웹엑스(Webex)라는 화상회의 솔루션을 들어 봤거나 일부 사용한 경험이 있을 것이다. 웹엑스(Webex)와 같은 원격화상회의 솔루션을 활용하면 사람들이 회의 장소에 이동 없이 원격에서 접속하여 비대면 회의를 할 수 있다. 2004년 '회의문화 개선'이라는 기사에서는 비효율·비생산성 회의방식을 개선하기 위해 적극적인 원격영상 인터넷 화상회의 시스템 활성화를 제안하고 있다. 2016년 기사에는 '디지털 노마드'를 소개하면서 기존의 전통적인 사무실 업무 방식을 고수하는 기업은 경쟁력 하락을 가져올 것이며 일하는 방식의 패러다임이 바뀔 것이라고 강조하였다. 원격화상회의 솔루션을 좀 더 자세히 살펴보면 다양한 사례가 있다. 조익 스튜디오(Zoic Studio)라는 영화제작사는 유명한 아티스트와 함께 제작을 위해서 프로젝트를 제안했는데 문제가 있었다. 아티스트의 집은 캐나다 밴쿠버였고 학교에 다니는 아이도 있어서 캘리포니아로 이사 오는 것에 어려움이 있어서 프로젝트에 참여할 수 없게 되었다. 조익 스튜디오에서는 화상회의 솔루션을 통해서 아티스트가 캘리포니아로 이사를 오지 않고도 함께 프로젝트를 진행할 수 있었다. 밴쿠버에 있는 아티스트는 화상회의 솔루션으로 캘리포니아 조익 스튜디오의 컴퓨터에 원격 접속하여 그래픽 디자인 작업을 성공적으로 진행하였다. 팀뷰어(TeamViewer)라는 원격화상 솔루션을 사용하여 우주정거장에 있는 고장난 장비를 지상 센터에 있는 엔지니어가 수리한 사례도 있다. 시스코 텔레프레젠스(Tele Presence)라는 원격화상 솔루션은 고해상도 모니터를 보고 회의하는데 샌프란시스코에 있는 사람이 바로 앞에 있는 것처럼 느껴질 정도로 서울과 샌프란시스코의 거리를 느낄 수 없었다. 3개의 사례의 공통점은 사람의 이동이 없다는 것이다. 출장, 회의, 세미나, 교육을 위해 사람이 이동하면 교통수단을 이용하게 되므로 이산화탄소(CO_2)가 발생할 수밖에 없다. 게다가 이동 비용 이외 체류에 소요되는 비용도 줄이고 이산화탄소 배출도 줄이려는 방안으로 오래전부터 원격화상 회의를 정부, 기업에서 도입하려는 시도가 많았지만 생각만큼 활용도는 많이 떨어졌다. "남양주에 사는 직원이 강남 사무실에 출근하는 것보다 꼭 대면 회의가 필요한 날만 출근하고 그 이외는 집에서 근무하는 것을 충분히 공감하지만, 실제는 실행되지 못했다." 출퇴근 낭비 시간도 줄이고 교통비도 줄이고 탄소 배출도 줄이는 여러모로 강력한 베니핏이 있었지만 "일단 만나 당장 만나"라는 노래 가사처럼 전통적으로 모여서 일하는 습관은 아무리 솔루션이 좋고 당위성이 있더라도 문화를 바꾸는 것은 불가능해 보였다. 눈앞에서 일하는 모습으로 일에 가치를 판단했던 방식이 원격근무, 스마트워킹 정착을 방해했던 주요 원인이었다.

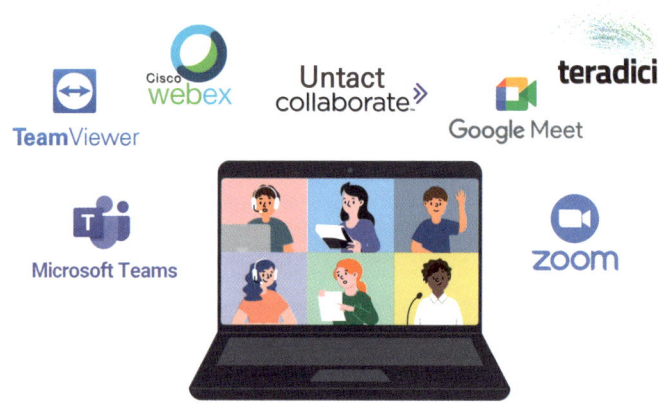

원격화상 솔루션

    코로나는 기존의 산업구조에 엄청난 영향을 미쳤다. 그야말로 1997년 외환위기처럼 누구도 원하지 않은 산업재편을 가져왔다. 코로나 특수를 본 산업이 있는 반면에 코로나로 심각한 위기에 처한 산업도 있다. 동전의 양면처럼 정치, 경제, 문화, 교육, 관광, 제조, 예술 등 모든 영역은 코로나 이해관계에서 벗어날 수 없었다. 코로나가 끼친 영향의 핵심은 비대면·비접촉이다. 대면할 수 없으니 이동이 줄어들고 사람의 이동이 비즈니스의 근간이 되는 업종은 경영에 큰 위기가 발생했다. 반면에 사람의 이동을 대신하는 산업은 비약적으로 발전하였다. 그 발전은 지금도 진행형이다.

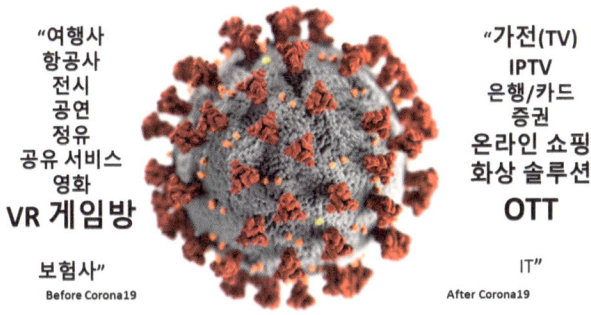

코로나 전과 후[5]

● VR 게임방

코로나는 VR 게임 시장에 심각한 타격을 입혔다. VR(Virtual Reality, 가상현실) 열풍이 잦아들면서 그나마 명맥을 유지하던 VR 게임 시장을 일순간 사라지게 했다. 제로 레이턴시(Zero Latency)와 프론트 디펜스(Front Defense)는 VR 게임의 정수이다. 실제 게임을 하면 가상 세계에 빠져드는 몰입감이 엄청나서 어느 순간 좀비에서 벗어나고자 총을 쏘는 가상의 세계에 서 있

---

5) FDA 이미지 활용 재구성, www.fda.gov/food/food-safety-during-emergencies/food-safety-and-coronavirus-disease-2019-covid-19

는 자신을 보게 된다. 현실 세계에서 우리가 경험할 수 없는 세계를 체험할 수도 있고 불가능한 일도 VR에서는 가능하다. 영화〈인터스텔라〉에서 우주의 힘과 경외감을 느끼게 하는 블랙홀을 가까이 볼 수 있고 태양풍으로 이글거리는 태양에 갈 수도 있다. 하지만 코로나는 일반 시민들이 VR 게임을 통해서 경험할 수 있는 가상 세계의 체험 기회를 가져가 버렸다. 모이기 어려우니 큰 비용을 들여서 만들어 놓은 VR 게임방은 꽃도 못 피고 사라졌다.

● IPTV

　코로나로 집에 있는 시간이 길어짐에 따라 가전에 관심을 가지게 되었고 자연스럽게 오래된 가전을 교체하게 되었다. 실제로 코로나 기간에 LG전자, 삼성전자의 매출이 급증하였다. 대형 TV로 감상하는 고해상도 UHD 콘텐츠는 코로나로 인한 피로를 위로해 주었다. IPTV 사업자는 집에서 머무르는 가입자를 위한 색다른 콘텐츠가 필요했는데 그것이 VR 영상이었다. 코로나로 위기에 처한 VR 시장에서 기사회생한 사업자는 VR 콘텐츠 제작사였다. IPTV 사업자는 가입자의 흥미를 끌기 위한 콘텐츠로 VR 영상을 선택하였다. VR 콘텐츠 제작사는 이를 기반으로 생존할 수 있었고 메타버스의 부활로 비상할 수 있었다. 많은 메타버스 기업이 VR 영상 콘텐츠를 제작한 회사이다. 현실과 가상 세계의 연결 고리는 영상이다. 실제인지 가상인지 분간하기 어려운 영상 제작 역량은 메타버스를 구현하는 중요한 기술요소이다. 코로나 특수는 넷플릭스와 같은 OTT에도 왔다. 〈킹덤〉 시리즈의 인기는 코리안 좀비라는 브랜드를 만들어 내기도 했다. 킹덤의 세계적인 흥행은 이후 〈오징어 게임〉으로 연결되었다. 코로나로 마음대로 갈 곳 없는 사람들은 넷플릭스와 같은 OTT에 눈을 돌리게 되었다. 「어쩌다 선진국」이라는 책처럼 코로나로 K-방역, K-컬쳐가 세계로 알려지는 계기가 되었다. 코로나 이전 지상파에 한정된 드라마 제작과 배급이 코로나 이후 넷플릭스와 같은 OTT로 재편되면서 드라마 제작사는 새로운 기회를 가질 수 있었다. 이것은 콘텐츠의 확산이 국내뿐만 아니라 글로벌로 확대되었다는 것이다. 대한민국의 배우가 이제 월드 스타로 발돋움할 수 있는 기반이 마련되었다. 코로나는 우리에게 많은 고통을 주었으나 우리에게 새로운 기회도 가져다주었다.

● **OTT와 영화관의 대결**

거장 제임스 카메론도 코로나를 피해갈 수 없었다. 코로나로 영화 관객의 급격한 감소는 OTT 가입자의 폭발적인 증가와 비상으로 연결되었다. 영화 산업의 위기를 구해줄 구세주는 제임스 카메론의 〈아바타2〉일 것이다. 과거 영화 〈아바타〉는 3D 콘텐츠의 열풍을 이끌었다. 뛰어난 영상미, 판타지와 같은 판도라 행성, 외계 동식물은 관객의 시선을 사로잡았다. 실제 〈아바타〉는 전 세계의 매출이 3조 2,591억으로 단일 영화 매출로 대단한 흥행을 기록하였다. 아바타 경제학이 나올 정도로 〈아바타〉가 문화 콘텐츠 산업에 미친 영향은 실로 대단했다. 제임스 카메론은 아바타의 영광을 재현하기 위해 〈아바타2〉(2022년 개봉 예정), 〈아바타3〉(2024년 개봉 계획) 등 아바타 시리즈를 제작하고 있다. 이미 〈아바타2〉는 제작이 끝났으나 코로나로 개봉 일자가 미루어지면서 아직 개봉하지 못하고 있다. 상업적 감각이 뛰어난 제임스 카메론은 결코 손해를 보면서 영화를 개봉하지 않을 것이다. 위드 코로나로 일상 회복이 되는 2022년 가장 적절한 시점에 개봉할 것이다(12월 예정). 제임스 카메론은 2009년에 개봉한 〈아바타〉보다 더 좋은 영상으로 관객의 시선을 다시 사로잡을 것이다. 〈아바타2〉는 3D 영상, UHD(4K), 48프레임으로 제작되었다. 일반적으로 영화는 초당 24프레임인데 〈아바타2〉는 48프레임으로 초현실감을 보여줄 것이다. 대형 영화사는 OTT에 뺏겼던 관심을 다시 찾아올 중요한 이벤트가 필요하다. 그리고 그것은 〈아바타2〉가 될 것이다. 사람들을 영화관으로 다시 오게 하기 위해 센 것이 필요한데 〈아바타2〉만큼 센 것은 없다. 그런데 다시 찾아온 관객을 계속해서 영화관으로 올 수 있게 하는 전략이 필요하다. 코로나와 같은 팬데믹을 걱정하지 않고 안전하게 가족과 친구들과 연인들이 볼 수 있는 방안을 고민하지 않으면 영화 관객은 다시 OTT 관객이 될 것이다.

영화 〈아바타2〉 예고편

Chapter **3**

메타버스를 디자인하라

- 메타버스 새로운 공간
- 메타버스 구성과 디바이스

Chapter 3

메타버스를 디자인하라

● **메타버스 새로운 공간**

인터넷은 1960년대 미국 국방연구기관에서 연구자료를 공유하는 네트워크가 시초이다. 정보 공유에서 시작된 인터넷은 1990년 이후 공공, 경제, 문화와 일상의 삶에 대변혁을 이끌었다. 인터넷은 시공간을 초월한 정보 공유뿐만 아니라 몇 번의 클릭으로 비대면으로 원하는 서비스 검색, 구매, 이메일, 메신저, 화상회의,

SNS 등까지, 생각하는 모든 것이 가능했다. 특히 2007년 출시된 아이폰은 움직이는 삶(Moving Life)을 가속화한 게임 체인저(Game Changer)였다. 우리의 모든 생활과 활동이 스마트폰에 수렴되었다. 인터넷 공간은 정보 검색과 공유, 콘텐츠의 창작과 소비, 커뮤니티 만남과 교류, 서비스 구매와 배송으로 구성되어 4C의 특징을 가진다. 4C는 커뮤니티(Community), 커뮤니케이션(Communication), 콘텐츠(Contents), 커머스(Commerce)이다. 커뮤니티에서 사람들이 모이면 정보를 교류하는 커뮤니케이션이 이루어지면서 자연스럽게 콘텐츠가 만들어지고 사고 파는 커머스로 연결된다. 광풍처럼 다가왔던 3D 콘텐츠, 3D프린팅, VR/AR처럼 미래 가치가 있는 유망한 트렌드도 4C 생태계를 만들지 못하면 사업적으로 필패(必敗)이다. 메타버스는 2005년에 이미 왔었던 트렌드였으나 그때는 4C 생태계를 만들지 못했다. 2020년에 부활한 메타버스도 실패할 것이라는 회의적인 의견도 상존(尙存)한다. 하지만 팬데믹으로 시작된 비대면·비접촉 문화는 우리의 삶을 하이브리드 삶(Hybrid Life)으로 변화시키고 있다. 대면과 비대면의 하이브리드는 공공, 문화, 경제, 교육 등 사회 전반으로 확산되고 정밀해질 것이다. 신대륙과 같은 메타버스라는 공간을 글로벌 기업,[6] 국내 대기업과 금융권은 절대 놓치지 않을 것이다. 이미 자본력과 메타버스 기획력이 뛰어난 스타트업은 보유하고 있는 자산[7]을 메타버스 공간으로 이동시키고 있다. 전통적인 인터넷과 다르게 자신을 대표하는 아바타를 창조해서 현실 세계와 또 다른 가상 세계에 존재하는 자신을 가질 수 있다. 지금은 매우 제한적인 아바타이지만 몇 년 이내 아바타가 자신을 대신해서 예약도 하고 회의도 참석하고 아바타끼리 대화도 가능할 것이다. 게임 기반의 가상세계에 익숙한 Z세대가 현재의 메타버스를 이끌고 메타버스의 진정한 플레이어 알파세대가 주도하는 시기가 곧 온다. 그때가 되면 지금의 메타버스 활용 수준은 상상을 초월할 것이다. 페이스북이 사명까지 '메타(Meta)'로 바꾸면서 기존 서비스 모델을 메타버스로 변환하는 이유는 Z세대와 알파세대를 위한 준비이다. 가까운 미래 세대를 준비하지 않는 기업은 경쟁력을 상실하고 종국에는 사라질 수밖에 없을 것이다. 그래서 메타버스는 일시적인 유행이 아닌 패러다임이다.

---

6) 메타버스 글로벌 플레이어 Microsoft, Nvidia, Facebook(Meta), Google, Apple
7) 서비스, 콘텐츠, 플랫폼

● **메타버스 구성과 디바이스**

메타버스 주제 연구 논문에서 메타버스는 공공, 경제, 문화, 교육, 제조, 유통 등 영역에서 다양한 메타버스 정의가 만들어지고 있어 그만큼 메타버스의 사회적 관심이 높다는 것을 보여 주고 있다. 다양한 관점에서 메타버스 학술연구는 활성화될 필요가 있으나 메타버스를 정확히 이해하고 실용적으로 활용하기 위해 그 맥락을 알아야 한다. MVR(Metaverse Roadmap)에서는 메타버스를 이렇게 정의하고 있다. "The Metaverse is a complex concept. The Metaverse is the convergence of virtually-enhanced physical reality and physically persistent virtual space. It is a fusion of both(메타버스는 복잡한 개념이다. 메타버스는 가상의 강화된 물리적 현실과 물리적 영구적 가상 공간을 융합하고 혼합한다)." 정의의 핵심은 물리적 현실과 가상 공간을 통합하는 것이다. 좀 더 구체적으로 설명하면 두 개의 세계(현실 세계와 가상 세계)를 연결하는 디지털 트윈(Digital Twin)을 의미한다. 현실 세계를 그대로 가상 세계에 복사한 두 개의 세계가 상호연결된 모습이 메타버스의 최종 형태이다. 메타버스 종류에서 말하는 거울 세계(Mirror World)가 현실 세계와 가상 세계를 연결한 모습이다. 두 개의 세계가 개별적으로 존재하지만 서로 연결되어 현실 세계에서 변화가 일어나면 동시에 가상 세계에도 그 변화가 반영되는 디지털 트윈(Digital Twin) 세계를 말한다. 스마트 시티(Smart City)와 스마트 팩토리(Smart Factory)의 최종 모습은 디지털 트윈(Digital Twin)이다. 일상기록(Lifelogging)은 사람의 움직임, 교통량, 대기 온도, 미세먼지, 건물의 위치 정보 등 일상에서 발생하는 데이터를 사물인터넷 센서를 통해서 정보를 수집하여 현실 세계의 정보를 가상 세계에 기록한다. 도시에서 발생하는 정보를 가상 세계에 기록하면 스마트 시티(Smart City)가 되고 공장에서 발생하는 정보를 가상 세계에 기록하면 스마트 팩토리(Smart Factory)가 된다. 현실 세계의 모든 정보를 가상 세계에 기록하고 반대로 가상 세계 정보의 변화를 현실 세계에 기록한다. 두 개의 세계가 실시간으로 연결된 디지털 트윈(Digital Twin)이 완성된다. 예를 들면, 가상 세계의 분수를 터치 한 번으로 현실 세계의 분수도 틀 수도 있다. 현실 세계와 가상 세계가 연결된 디지털 트윈(Digital Twin)에서는 가능하다. 현실 세계의 분수의 온·오프 스위치에 사물인터넷 센서가 설치되고 5G를 통해서 가상 세계 분수의 온·오프 스위치가 연결되어 있어 이런 일이 가능하다. 증강현실(Augmented Reality)은 AR 스마트 글래스(AR Smart Glasses)를 활용하여 덧붙여 증강된 정보를 제공한다. 가상현실(Virtual Reality)은 VR 헤드셋(VR Head Set)을 착용하여 현실 세계에서 경험할 수 없는 가상 세계를 체험할 수 있게 한다. 증강현실과 가상현실의 공통점은 기기를 활용한다는 점이다. AR 스마트 글래스와 VR 헤드셋 기기의 목적은 몰입감과 상호작용 강화이다. 우리는 기기를 통해서 현실 세계에 추가된 정보를 통해서 증강현실을 경험하고 가상현실을 체험할 수 있게 도와준다. 그런데 메타버스에서 AR 스마트 글래스, VR 헤드셋 기기는 선택적으로 사용해야 한다. 꼭 사용할 필요가 있는 영역에 활용해야 한다. 메타버스의 궁극적인 모습이 거울 세계(Mirror Worlds) 디지털 트윈(Digital Twin)이지만 현실 세계의 모든 정보를 가상 세계로 똑같이 복제하는 과정은 단순한 과정이 아니며 비용이 많이 들어가는 작업이다. 예를 들면, 건축물을 동일하게 복제하기 위해서는 건물 위치 정보를 파악해야 한다. 이를 위해서 GPS를 활용해 건물의 좌표를 확인하는 과정이 필요하다. 그리고 건물 내의 공간정보를 확인하기 위해서는 3D 건축 설계도면이 필요하다. GPS를 통해서 킨텍스 건물 위치를 확인할 수 있지만 킨텍스 내부 상가 정보는 GPS로 확인할 수 없다. 그래서 3D 건축 설계도면을 활용하여 상가 내부 공간정보를 확인할 수 있다. 만약 3D 건축 설계도면[8]이 없다면 포인트 클라우드라는 장비를 확인해서 건물의 내부 공간정보를 스캔해서 확인해야 한다. 이후 확인된 공간정보에 추가 정보를 입력하는 작업이 진행된다. 이처럼 한 도시를 디지털 트윈으로 구성하는 일은 마스터 플랜과 전략적 접근이 요구된다. 그래서 도시를 메타버스로 구현하는 일은 충분한 기획과 예산을 확보한 후 진행해야 한다. 그런데 스마트 팩토리는 이야기가 다르다. 도시와 다르게 공장은 복제할 대상이 한정되어 있고 DX를 통한 혁신의 필요성으로 예산 확보에 어려움이 없다. DX는 기업 생존을 위해 반드시 풀어야 할 숙제이다. 그래서 스마트 시티보다 스마트 팩토리가 메타버스를 구현하는 데 훨씬 현실적이다. MVR(Metaverse Roadmap)에서 정의한 4가지 메타버스를 단순히 분류해서 이해하기보다 연관 관계의 맥락을 이해하지 못하면 오히려 활용에 어려움만 준다. 메타버스의 유형을 이상적인 메타버스와 실용적인

---

[8] 평면도면 설계에서 한 차원 진화해 3D 가상 공간을 이용하여 전 건설 분야의 시설물의 생애주기 동안 설계, 시공 및 운영에 필요한 정보 모델. (나무위키)

메타버스 두 가지로 구분할 필요가 있다. 이상적인 메타버스의 모습은 디지털 트윈 메타버스이며 실용적인 메타버스는 현실 세계 정보를 동일하게 복제하는 것이 아니라 단순화시켜 만드는 것이다. 디지털 트윈 메타버스처럼 현실 세계 정보를 복제하지 않아서 적은 시간과 비용으로 메타버스를 구현할 수 있다. 그런데 기억할 것은 이상적인 메타버스든 실용적인 메타버스든 자신의 아바타가 메타버스에 존재한다는 점이다.

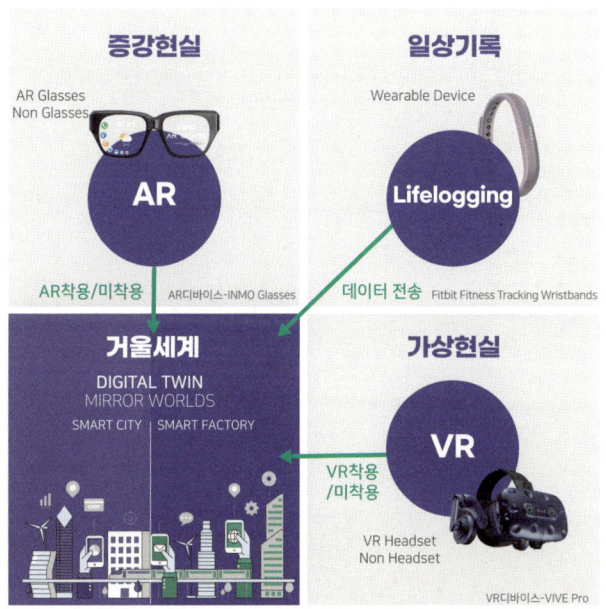

메타버스 구성 / 디바이스와 디지털 트윈 메타버스[9]

---

9) 출처: metaverseroadmap.org/overview/, 재구성

Chapter **4**

지속 가능한 메타버스의 조건

- 위드 코로나
- 메타버스는 유행이 아니라 패러다임이다
- 메타버스 패러다임의 동력

지속 가능한 메타버스의 조건

● **위드 코로나**

전 국민이 주기적으로 백신을 맞고 코로나를 통제할 수 있는 환경이 만들어져도 코로나 이전의 생활 방식으로 돌아가기는 어려울 것이다. 오미크론과 같은 코로나 변이 바이러스는 주기적으로 의외의 순간에 계속해서 찾아올 것이다. 코로나가 우리의 삶에 침입한 지 2년이 넘어가고 있다. 코로나 특수를 누린 기업도 있고, 코로나를 기회로 클라우드와 AI와 같은 최신 기술을 활용하여 디지털 트랜스포메이션을 추진해서 경쟁력을 확보한 기업도 있다. 비대면·비접촉 배달 서비스를 집중적으로 공략하여 기업의 가치를 높인 기업도 있었다. 반면에 코로나로 어려움에 처한 기업도 있다. 사람들의 이동이 반드시 필요한 산업은 대면과 비대면을 결합하는 하이브리드 서비스를 개발해야 한다. 특히 문화, 관광, 예술, 전시 영역은 치열하게 고민하고 대안을 찾아야 한다. 여기 사람들의 이동이 중심이 되는 비즈니스가 어떻게 코로나를 극복했는지 '버닝맨(Burning Man)' 사례에서 찾아볼 수 있다. 버닝맨은 공동체, 예술, 자기표현과 자립 활동을 목적으로 한다. 하나의 이벤트이지만 사회적 파급효과는 크다. 빅테크 CEO들이 버닝맨에서 혁신을 찾고 있다. 일론 머스크도 사막에서 혁신을 찾는 이유가 버닝맨에 있다. 관심 주제에 따라 사람들이 모이고(Community), 대화(Communication)하고, 콘텐츠(Contents)를 만들고, 사업(Commerce)과 연결되는 대규모의 사람 중심의 비즈니스다. 버닝맨은 4C의 생태계를 가지고 있어서 매년 행사가 열린다. 그런데 버닝맨도 코로나를 피해갈 수 없었다. 사막에 사람이 모일 수 없어서 버닝맨은 현실 세계에서 모일 수 없는 사람들을 가상 세계 메타버스에서 만나게 했다. 버닝맨은 문화, 관광,

예술, 전시 산업에 가치 있는 시사점을 준다. 접촉과 비접촉을 조합하는 하이브리드 서비스를 개발한다면 버닝맨처럼 해야 한다.

버닝맨 페스티벌[10]

Virtual Burning Man 2020

---

[10] 버닝맨은 미국 네바다주 블랙록 사막에서 개최되는 행사이며 일 년에 한 번, 일주일에 걸쳐 개최된다. 8월의 마지막 월요일부터 9월 첫째 월요일까지 개최된다. 각 참가자는 플라야라 불리는 염전에서 공동생활을 하며 그곳에서 자신을 표현하면서 생존한다. (위키피디아)

● 메타버스는 유행이 아니라 패러다임이다

메타버스 성장 조건

　국내 최초 메타버스 대학원을 설립한 서강대학교 현대원 교수는 메타버스 확산요인으로 4가지를 제시한다. 그것은 가상융합기술의 발전으로 현실 세계와 가상 세계의 공존 시대, 비접촉

(Touchless) 연결 시대의 삶과 경제활동 변화, 놀이와 경험을 중시하는 MZ세대의 등장과 영향력 확대 그리고 콘텐츠 생산과 소비문화 변화로 창조적 주체의 역할 강화이다. 메타버스 확산요인은 좀 더 세분화해서 두 가지 원인으로 설명할 수 있다. 사회적으로는 코로나19로 인한 비대면 시대의 도래로 시공간 제약 없는 메타버스가 주목받고 있으며, 특히 디지털 네이티브 세대 중심으로 적극적인 소통과 현실을 뛰어넘는 자아실현의 수단으로 메타버스가 급부상하고 있다. 산업적으로는 인터넷이 웹 1.0, 웹 2.0에 이어 가상융합공간으로 확장하는 웹 3.0으로 발전함에 따라 차세대 인터넷으로 메타버스를 주목하며 새로운 비즈니스 모델의 필요성이 대두되고 있다.[11]

코로나가 메타버스 부활에 지대한 영향을 준 것은 쉽게 공감하는 부분이다. 줌(Zoom)과 같은 화상회의 솔루션이 비접촉·비대면을 위한 대안이었지만 비대면이지만 대면과 같은 심리적 요구를 충족하려는 방안이 메타버스였다. 우리는 메타버스 확산요인과 관련해 MZ세대와 특히 알파세대에 주목해야 한다. MZ세대는 1980년대 초반에서 2000년대 초반 사이 출생한 밀레니얼 세대

---

11) (Web 1.0) 일방향 정보 전달·활용 → (2.0) 참여와 소통 → (3.0) 가상융합공간, 탈중앙화 (메타버스 신산업 선도전략, 2022. 01. 20.)

와 1990년대 중후반부터 2010년대 초반까지 초반 출생한 Z세대를 통칭한다. MZ세대는 스마트폰과 같은 모바일 기기 사용에 익숙하고, 최신 트렌드와 남과 다른 이색적인 경험을 추구하는 특징을 가지고 있다. MZ세대는 SNS를 기반으로 커뮤니티 활동에 적극적이고 이를 바탕으로 정보를 생성하고 소비한다. 그리고 네트워크 효과를 통한 구매 활동을 하여 유통시장에 강력한 소비 주체로 자리 잡고 있다. MZ세대의 특징을 정리하면 메타버스를 포함한 새로운 기술과 미디어에 대한 높은 적응력과 이용 능력이 높으며 가상 재화 및 서비스 이용도가 높다. 특히 코로나로 인해 메타버스 이용 경험이 급증하여 사용에 낯설지 않다. 이런 이유로 가상 세계 만남이나 원격 교육에 익숙하다는 것이다. 실제로 대면 수업보다 비대면 수업을 선호하는 경우도 있다. 심지어 대면 수업인데 줌(Zoom)으로 수업을 진행하는 사례도 있다. 따라서 이들은 성장해서도 계속해서 메타버스 이용 고객이 될 가능성이 크다. 18세에서 81세까지라는 말이 있다. 게임을 18세에 시작하면 81세까지 계속한다는 말이다.[12] 이런 이유로 MZ세대가 메타버스에 진입하면 그 지속성이 높을 것이다. 그런데 MZ세

---

12) 초지능의 물결과 메타버스 패러다임,
 https://www.youtube.com/watch?v=Fw8TlqkHFec

대보다 진정으로 메타버스를 주도하는 세대는 알파세대이다. 그들이 현시대의 문화를 주도하고 있는 MZ세대보다 한 단계 높은 디지털 문화와 영향력을 발휘할 것이다. 알파세대는 2011년부터 2025년도까지 탄생한 세대를 일컫는 말로 2018년 호주의 사회학자 마크 맥크린들(Mark Mccrindle)이 정의한 용어다. Z세대 이후의 새로운 세대가 나타날 것을 고려하여 용어를 정의하던 중 마땅한 명칭이 없어, 고대 그리스 알파벳의 첫 글자인 알파를 딴 것이 그 시초가 됐다. MZ세대가 PC와 스마트폰의 영향을 받고 그 시초가 된 세대라면 알파세대는 본격적으로 스마트폰과 디지털 세계의 직접적인 영향을 받은 세대라고 할 수 있다. 알파세대를 정의한 마크 맥크린들은 이들이 어떤 세대보다 부유하고 고학력이며, 기술적으로 집약된 세대가 될 것이라고 말한다.[13] 실제 알파세대는 유튜브와 같은 영상 채널에서 새로운 지식을 배우는 흡수력에 차원이 다르다. 마인크래프트와 로블록스 게임 영상을 보고 즐거워하는 모습을 보면 지금의 기성세대는 도저히 이해할 수 없다. 이들은 현실 세계와 가상 세계를 넘나드는 데 그 어떤 거부감도 존재하지 않아 보인다. 스마트 기기, 영상 채널이 놀

---

13) Z세대 다음은 누구? '알파세대'가 온다! (경기도뉴스포탈)

이 공간이고 리모트 컨트롤보다 인공지능 음성인식을 더 편해 하는 알파세대가 곧 다가올 가까운 미래를 주도할 것이다. 그래서 공공, 문화, 예술, 금융, 서비스, 교육, 유통, 제조 산업은 MZ세대와 알파세대를 위한 공간인 메타버스에 집중할 것이고, 그것은 기업 생존에 직결된다. 메타버스는 가상 환경에서 정보의 생산과 소비, 공유, 상거래 과정에 자신의 아바타가 존재하고 개입되는 것이 핵심이다. 실제 아바타는 다양하게 존재하며 멀티 페르소나[14]를 가진다. 애니메이션 캐릭터도 될 수 있고 실사 사진처럼 자신을 빼닮은 캐릭터도 될 수 있다. MMORPG[15]게임은 아바타를 중심으로 게임이 전개되기 때문에 메타버스는 태생적으로 게이미피케이션[16]적인 요소를 가진다. 그런데 게이미피케이션적인 요소를 가진 메타버스가 게임 영역에만 한정되어 있다면 일시적인 지나가는 유행이다. 게임에서 로블록스, 제페토와 같은 메타버스 플

---

14) 페르소나는 사회 역할이나 배우에 의해 연기되는 등장인물이다. 이 단어는 원래 연극 탈을 뜻하는 라틴어에서 유래됐다. 라틴어 단어는 그리스어 $πρόσωπον$에서 온, 같은 의미의 에트루리아어 단어 "phersu"에서 유래했다. (위키백과)

15) 대규모 다중 사용자 온라인 롤플레잉 게임, 다중접속 역할 수행 게임 또는 멀티 롤플레잉 게임은 한 명 이상의 플레이어가 인터넷을 통해 모두 같은 가상 공간에서 즐길 수 있는 롤플레잉 게임의 일종이다. MMORPG는 전 세계적으로 플레이되고 있다. (위기 백과)

16) 게임화는 소비자 대상 웹이나 모바일 사이트 등 게임이 아닌 애플리케이션에 애플리케이션 사용을 권장하기 위해 게임 플레이 기법을 적용하는 것을 뜻한다. 이와 같은 게임을 펀웨어(Funware)라고 부르기도 한다. 게임화를 이용해 사용자가 애플리케이션에서 바라는 행동을 하도록 유도하기도 한다. (위키백과)

랫폼으로 확장되었으며 4C를 지원하여 콘텐츠를 생성하고 소비할 수 있는 생태계를 제공한다. 또한, 가상화폐와 NFT(대체 불가능한 토큰, Non-Fungible Token)를 지원하여 소비를 활성화하는 기반도 지원한다. 메타버스는 게임에서 홍보, 마케팅, 제조, 쇼핑, 금융, 엔터테인먼트, 예술, 관광, 교육, 전시, 가상 업무 등 전 산업으로 확산되고 있다. 그래서 메타버스는 일시적인 트렌드가 아닌 패러다임이다.

● 메타버스 패러다임의 동력

메타버스가 지속 가능한 동력을 유지할 수 있는 동인은 혁신, 비용 절감, 신규채널, 상거래로 정의할 수 있다. 메타버스는 혁신의 도구이다. 비대면 업무환경에서 메타버스는 가상 공간을 제공하여 업무의 연속성을 유지할 수 있게 한다. 메타버스에서 업무회의, 교육, 커뮤니케이션은 대면 못지 않게 높은 몰입감을 제공한다. 그리고 비용 절감을 가져다준다. 메타버스에 접속하여 물리적 공간이동의 수고로움을 없애준다. 회의나 발표를 위해서 해외나 지방으로 이동할 필요가 없다. 메타버스는 신규채널이다. SNS와 같은 새로운 공간이며 또 다른 플랫폼으로 공공, 기업에서는 메타버스 기반에서 공공·기업 서비스를 할 수 있는 새로운 영역이다. 공공과 기업은 세대별로 서비스를 제공해야 한다. 인터넷 기반 서비스가 익숙한 세대, 스마트폰을 중심으로 모바일 서비스를 좋아하는 세대 그리고 메타버스가 쉬운 세대처럼 말이다. 특히 기업은 다양한 고객군을 포용할 수 있는 인터넷, 모바일, 메타버스 채널을 치열하게 준비해야 한다. 이미 강력한 자본력의 금융그룹이 곧 다가올 고객을 위한 메타버스 플랫폼을 만들고 있다. 고객은 기업 성장의 원천이기에 기업의 숙명이다. 메타버스는 상거래를 할 수 있는 4C 메커니즘을 지원한다. 메타버스가 가상화폐, NFT를 지원하여 콘텐츠의 생산과 소비는 시공간을 초월할 수 있게 된다. 4가지 메타버스 동력은 메타버스의 수직적·수평적 확산의 원천이다.

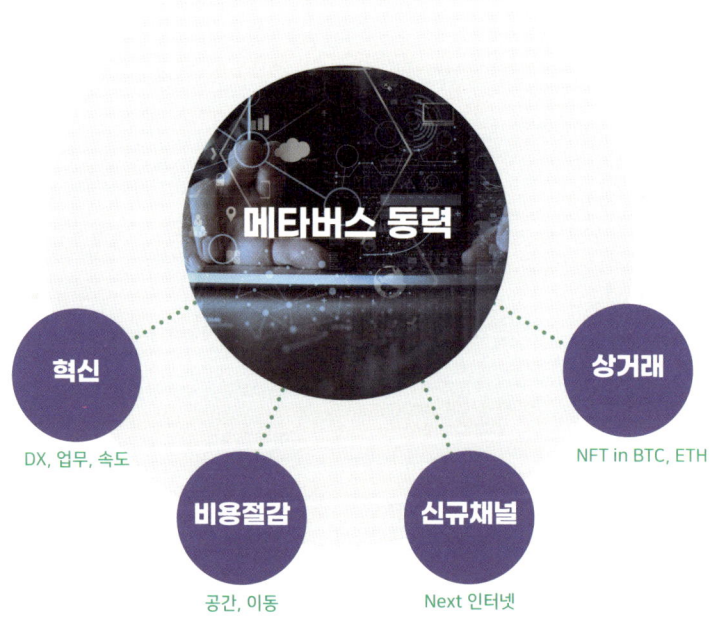

메타버스 동력

Chapter 5

메타버스 선택과 소유의 이슈

- 메타버스 과유불급
- 메타버스 활용의 시작
- 메타버스 플랫폼 소유냐? 임대냐?
- 메타버스 플랫폼 기능 요소
- 메타버스 플랫폼 도입 5단계 절차
- 메타버스 캐즘(Chasm)과 롱테일(Long tail)
- 메타버스 세상의 모든 기술을 빨아들이는 블랙홀

메타버스 선택과 소유의 이슈

● **메타버스 과유불급**

메타버스 전문가 라이언 슐츠(Ryan Schultz)가 정리한 메타버스 플랫폼은 160개가 넘는다. 실로 엄청나게 많은 메타버스 플랫폼이 존재한다. 과유불급이지만 메타버스는 지금도 만들어지고 있고 또 만들어질 것이다. 언론에 자주 언급된 4대 메타버스 로블록스, 제페토, 이프랜드, 게더타운 이외에도 우리가 사용할 수 있는 플랫폼은 무수히 많다. 그러면 어떤 메타버스 플랫폼을 사용할 것인가? 플랫폼 선정에 대한 고민이 생긴다. 〈메타버스 160+α〉에는 VR 헤드셋과 AR 글래스를 지원하는 메타버스 플랫폼도 분류하고 있다. 인게이지(Engage)라는 메타버스 플랫폼이 있는데 4대 플랫폼과 다르게 VR 헤드셋에 특화된 메타버스이다. 처음 메타버스를 접하는 경우 메타버스 플랫폼 특성을 파악하는 데 어려움이 있다. 적합한 메타버스 플랫폼을 선정해야 하는 데 사용 목적과 VR 헤드셋, AR 글래스 활용에 따라 결정한다. 만약에 VR 헤드셋, AR 글래스가 필요한 경우 VR/AR 디바이스를 지원하는 플랫폼을 찾아야 한다. 메타버스 사용 목적에 게이미피케이션 기능이 필요한 경우 게임 기능을 지원하는지 확인해야 한다. 성공적인 메타버스를 활용하기 위해 적합하고 기대효과를 충족시키는 메타버스 플랫폼을 찾는 노력과 수고로움이 요구된다.

● **메타버스 활용의 시작**

메타버스 플랫폼은 다양한 아이스크림의 맛을 내는 배스킨라빈스처럼 메타버스 플랫폼도 고유한 특징을 가진다. 〈메타버스 기업 활용 현황〉을 통해 기업에서의 메타버스 활용 사례 분석을 보면 활용 목적, 기업 업종, 전달 대상에 따라 사용된 메타버스 플랫폼을 확인할 수 있다.

메타버스160+α

활용 목적	기업명	메타버스 플랫폼	기업 업종	전달 내용
홍보/행사	국민은행	게더타운	금융업	상품 소개
	하나은행	게더타운	금융업	상품 소개
	어메이징 브루잉 컴퍼니	게더타운	소매업	상품 소개
	코카콜라	게더타운	소매업	페트병 재활용
	삼성 SDS	게더타운	정보 서비스	기업 멘토링
	토니모리	제페토	제조업	상품 소개
	현대자동차	로블록스	제조업	기업 소개
	LG전자	동물의 숲	제조업	상품 소개
	삼성전자	이프랜드	제조업	상품 소개
	CU	제페토	소매업	매장 소개
	CJ ENM	게더타운	영상 서비스	채용
	하이네켄	게더타운	소매업	채용
마케팅	구찌	로블록스	제조업	상품 판매
	롯데하이마트	게더타운	소매업	가전 판매
	직방	메타폴리스	정보 서비스	가상 공간 판매
커뮤니케이션	LG CNS	이프랜드	정보 서비스	정보 공유
	DGMIT	게더타운	정보 서비스	업무 회의
	한국남동발전	이프랜드	제조업	정보 공유
	롯데건설	게더타운	건설업	업무 회의
	유한킴벌리	게더타운	제조업	정보 공유
	SK증권	이프랜드	보험업	업무 회의
교육	하나투어	이프랜드	여행 서비스	시스템 사용법
	녹십자	게더타운	제조업	업무
	경남은행	갤럭시티	금융업	상품 정보
	DB생명	제페토	보험업	상품 정보

메타버스 기업 활용 현황

기업의 메타버스 활용 영역은 홍보·행사에서 가장 많은 사례가 있었으며 그다음이 커뮤니케이션, 교육, 마케팅 순으로 많았다.

기업 업종별로는 제조업이 가장 많았으며 그다음은 소매업, 정보 서비스, 금융업, 보험업 등 순이었다. 기업의 메타버스 활용의 공통점은 코로나로 위축된 조직 내 소통을 활성화하고 대외적으로 비접촉 방식으로 고객에게 제품을 지속적으로 경험하게 하여 판매까지 유도하는데 있다. 몇몇 기업은 ESG(Environmental, Social, Governance)를 홍보하는 데에도 사용하고 있다. 기업에서 조직 내 소통과 고객 홍보보다 중요한 것은 메타버스를 활용한 MZ세대와 가상 경험을 점진적으로 확대하여 자연스럽게 브랜드 충성도를 높이는 데 목적이 있다. 홍보, 마케팅 측면에서 보면 상품소개와 기업소개가 많이 있는데 금융업에서 지금 당장 금융 상품을 판매하는 목적보다는 20~30대 게임세대를 위한 엔터테인먼트 메타버스 환경을 만들어서 게임을 즐기면서 금융 상품에 관심을 가지게 되고 자연스럽게 브랜드를 좋아하게 된다. 커뮤니케이션, 교육은 기업 조직 내 활용 관점으로 기업은 메타버스 플랫폼을 활용하여 원격 근무·교육, 조직 커뮤니케이션 활성화를 통한 혁신의 도구로 활용하고 있다. 기업은 메타버스를 새로운 공간으로 보고 있다. 인터넷, SNS 공간에 홍보·마케팅, 신제품 발표, 거래 프로세스를 구현하여 상업 플랫폼을 확보해서 기업 경쟁력 우위를 점한 것처럼 메타버스를 새로운 상업 플랫폼으로 보고 있다. 그래서 국내외 기업들이 메타버스에 관심을 가질 수밖에 없는 이유이다. 또한, 기업은 메타버스를 활용하여 팬데믹의 위급 상황에서도 업무의 연속성을 유지할 수 있었다. 게더타운, 오비스, 인게이지 플랫폼을 활용하여 공간이동의 제한을 극복할 수 있어 메타버스 기능을 활용하여 이전보다 구성원 간 업무 협력이 자연스러워질 수 있었다. 이 부분이 중요한 대목인데, 당연히 생각했던 불변의 대면 문화에서 벗어나 비대면 문화의 맛을 본 기업은 메타버스를 재택근무, 원격 교육과 조직문화에 계속해서 접목하고 있다. 팬데믹의 위협에서 안전하면서 업무의 생산성을 높여줄 수 있는 메타버스를 기업에서는 당연히 활용할 수밖에 없다.

메타버스 활용 분야

〈메타버스 기업 활용 현황〉에서 '메타폴리스'는 직방에서 개발한 메타버스 플랫폼이다. '갤럭시티'도 새롭게 개발된 메타버스 플랫폼이다. 게더타운과 컨셉이 비슷한 젭(ZEP)도 출시되었다. 앞으로 다양한 메타버스 플랫폼이 계속해서 개발될 것이다. 너무나 많은 상품이 선택의 어려움이 있듯이 확장성, 효율성과 경제성을 만족시키는 메타버스 플랫폼 선정에 전략적 접근이 요구된다. SNS 플랫폼처럼 메타버스 플랫폼도 치열한 경쟁 속에서 산업별 니즈(홍보, 마케팅, 행사, 판매, 커뮤니케이션, 교육, 제조)에 따라 재편되어 생존하거나 사라질 것이다. 160+α처럼 메타버스를 활용하기 위해 메타버스 플랫폼 확보 방안을 고민해야 한다. '어떤 메타버스 플랫폼이 필요하고 어떻게 확보할 것인가?' 숙제에 대한 답은 3가지 방식이 있다. 첫째는 아마존, 구글, 마이크로소프트, IBM, 네이버에서 제공하는 클라우드 서비스를 사용하는 것처럼 클라우드에서 제공하는 로블록스, 게더타운, 인게이지 등을 활용해서 필요할 때 접속해서 사용하는 클라우드 메타버스 플랫폼이다. 홍보·마케팅, 제품 소개, 컨퍼런스, 교육 등이 필요할 때 사용하는 편리성은 있으나 클라우드 메타버스에서 제공하는 기능만을 사용해야하며 기업이 운영하는 인사 시스템, 매출 시스템 등과 통합 기능은 지원하지 않는 단점이 있다. 따라서 클라우드 메타버스 플랫폼은 일시적인 필요에 따라 활용하는 데 효과적이다. 둘째는 클라우드 메타버스 플랫폼 형태나 커스터마이징 기능을 지원하여 기업 운영 시스템과 통합하여 사용하는 하이브리드 메타버스이다. 셋째는 직접 메타버스 플랫폼을 구축하는 것이다. 자체 메타버스 플랫폼을 개발하면 기능 고도화와 유관 시스템 통합 등 플랫폼 확장의 자유도가 높다. 클라우드 메타버스 플랫폼과 하이브리드 메타버스 플랫폼은 빌려서 사용하는 플랫폼이라서 신규 기능을 추가하는 데 매우 제한적이다. 전세 세입자가 집을 임으로 리모델링할 수 없듯이 일부라도 변경한다면 집주인의 허락을 받아야 하는 것이다.

메타버스 서울[17]

    서울시는 〈메타버스 서울〉처럼 메타버스 플랫폼 로드맵에 따라 자체 구축을 진행하고 있다. 서울시 메타버스 플랫폼은 경제, 교육, 문화관광, 소통, 도시, 행정 분야를 포함한다. 메타버스 플랫폼 로드맵은 도입, 확장, 정착 3단계로 2022~2026년 계획이다. 그런데 페이스북, 유튜브처럼 지속적인 방문과 자발적인 창작 활

---

17) https://mediahub.seoul.go.kr/archives/2003118

동은 메타버스의 핵심요소이다. 성공적인 메타버스 플랫폼을 개발하는 것은 높은 수준의 메타버스 기획력과 이를 구현하고 운영하기 위한 투자가 준비되어 있어야 한다. 로블록스, 제페토, 게더타운, 인게이지와 같은 성공적인 플랫폼을 개발하는 것은 기관·기업의 홈페이지를 구축하는 것과 차원이 다르다.

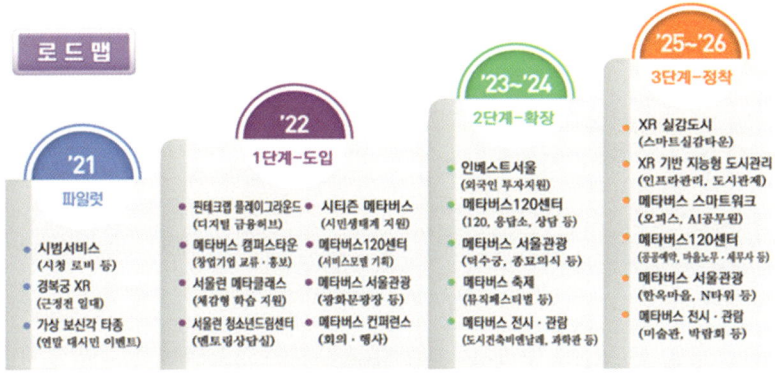

서울시 메타버스 로드맵[18]

---

18) Ibid., p.22.

● 메타버스 플랫폼 소유냐? 임대냐?

메타버스 플랫폼을 개발할 때 '35, 50, 100+α'라는 말이 있다. 자체 메타버스 플랫폼을 구축하는 경우 35억, 50억, 100억 투자를 해야 한다는 의미이다. 메타버스 플랫폼 개발 비용이 최소 35억이 든다는 것이다. 메타버스에 대한 관심으로 너도나도 도입을 시도하고 있는데 메타버스 플랫폼 구축에 몇억 규모로 생각했다가 높은 비용으로 놀라는 경우가 비일비재하다. 메타버스 플랫폼을 개발하여 자체 확보하는 것은 매력적이나 높은 비용구조를 사전에 검토해야 한다. 그리고 새로운 기능을 추가하고 운영하기 위한 추가 비용도 고려해야 하며, 일반적으로 총 구축비용의 20%를 운영비용으로 준비해야 한다. 이와 같은 메타버스 플랫폼 구축 비용구조를 고려해서 자체 메타버스 플랫폼 구축·운영을 할지, 클라우드 메타버스 플랫폼을 활용할지, 아니면 하이브리드 메타버스 플랫폼을 사용할지를 선택해야 한다.

● **메타버스 플랫폼 기능 요소**

메타버스 플랫폼을 자체 구축하든 외부 클라우드 플랫폼을[19] 사용하든, 생산성이 높고 저비용 고효율 메타버스 플랫폼을 정의하고 선정하기 위해서는 기능 요소를 이해해야 한다. 메타(옛 페이스북) CEO 마크 저커버그(Mark Zuckerberg)는 8개 기능 요소로 메타버스를 정의하고 있다. 그것은 실재감(Presence), 아바타(Avatars), 개인 공간(Home Space), 순간이동(Teleporting), 상호운용성(Interoperability), 프라이버시/안전(Privacy & Safety), 가상재화(Virtual Goods), 자연스러운 조작 환경(Natural Interface)이다.

실재감(Presence)	실제 현장에 있는 듯한 느낌
아바타(Avatars)	메타버스에서 자신을 표현하는 수단
개인공간(Home Space)	사진, 영상, 디지털 상품을 보관하는 개인 공간
순간이동(Teleporting)	언제든 원할 때 다양한 가상 세계로 이동 가능
상호운용성(Interoperability)	자신의 아바타와 디지털 아이템을 다양한 앱과 경험에 적용 가능
프라이버시/안전(Privacy & Safety)	개인정보보호와 안전은 첫 단계부터 메타버스에 내재
가상재화(Virtual Goods)	사진, 영상, 예술, 음악, 영화, 책, 게임 등 가상상품
자연스러운 조작 환경(Natural Interface)	자연스럽게 디바이스와 상호작용하는 익숙한 사용 환경

메타 CEO, 마크 저커버그(Mark Zuckerberg)[20]

---

19) 클라우드 메타버스, 하이브리드 메타버스 플랫폼
20) 정부 메타버스 신산업 선도전략(2022. 1. 20.)

로블록스 CEO 데이비드 바수츠키(David Baszucki)도 메타버스 플랫폼 8개 기능 요소로 메타버스를 정의하였다. 로블록스 메타버스 플랫폼 8개 기능 요소는 정체성(Identity), 친구(Friends), 몰입감(Immersive), 손쉬운 경험 전환(Low Friction), 다양성(Variety), 모든 장소(Anywhere), 경제(Economy), 시민성(Civility)이다.

메타와 로블록스에서 정의한 메타버스 플랫폼 구성 요소는 메타버스 플랫폼을 자체 구축하거나 클라우드 메타버스 플랫폼 도입 시 반드시 고려할 사항이다. 160+α처럼 메타버스 플랫폼은 넘쳐나고 있다. 자체 구축 또는 클라우드 메타버스 플랫폼 도입 시 메타버스 플랫폼이 반드시 지원할 기능 요소를 사전에 정의해야 성공적인 메타버스 구축이 가능하다. 게임 기반 로블록스, 제페토가 있고 가상 오피스 중심의 게더타운, 오비스, 젭(ZEP)이 있고 VR 디바이스 기반을 지원하는 인게이지, 알트스페이스VR이 있듯이 메타버스 플랫폼 지원 기능에는 차이가 있다. 이를 객관적으로 판단하고 평가할 수 있는 지표가 메타, 로블록스가 제안하는 메타버스 플랫폼 기능 요소이다.

	정체성(Identity)	다양한 형태의 아바타로 표현되는 나
	친구(Friends)	상호작용할 수 있는 사용자들
	몰입감(Immersive)	현실과 구분하기 어려울 정도로 실감있는 경험
	손쉬운 경험 전환(Low Friction)	쉽게 즐길 수 있고 빠르게 전환할 수 있는 경험
	다양성(Variety)	사용자들의 흥미를 유발하는 방대한 경험
	모든 장소(Anywhere)	나라, 문화와 무관하게 어디에서든 제한없는 접속
	경제(Economy)	창작, 노동에 대한 대가를 지불하는 경제 시스템
	시민성(Civility)	안전하고 성숙한 시민의식

로블록스 CEO, 데이비드 바수츠키(David Baszucki)[21]

　로블록스, 제페토, 이프랜드, 게더타운을 활용하여 '기업 업무 회의' 진행사례를 로블록스에서 정의한 메타버스 플랫폼 기능 요소를 활용하여 〈메타버스 플랫폼 기능 요소〉를 정의할 수 있다.

평가 요소	내용
정체성	사용자는 메타버스에서 제공하는 캐릭터를 활용해서 자신을 대표하는 아바타를 표현한다.
다양성	메타버스는 콘텐츠를 제작하고 아바타가 다양한 월드를 체험할 수 있는 환경을 제공한다.
몰입성	3차원 그래픽과 사운드는 아바타가 월드에서 사회적, 공간적 존재감을 느낀다.
확장성	사용자는 다양한 디바이스로 메타버스에 접속하고 마우스, 키보드로 아바타를 간편하게 조정한다.
경제성	메타버스에서 만들어진 캐릭터, 재화, 서비스를 거래할 수 있는 보상, 화폐, 거래수단을 제공한다.
안정성	새로운 아바타가 월드에 나타나도 아바타의 정지, 지연, 움직임의 부자연스러움 없이 운영된다. 특히 아바타 간 절대 공간을 침해해서는 안 된다.

메타버스 플랫폼 기능 요소

---

21) Ibid., p.22.

'업무 회의 사용자 경험'을 평가한 연구결과에 따르면 로블록스의 사용자 경험 평가[22]는 확장성(3.6)이 높았으며 유연성(3.5), 몰입성(3.4), 정체성(3.4), 안정성(3.3)과 경제성(3.3) 순으로 나왔다. 제페토의 사용자 경험 평가는 확장성(3.8)이 높았으며 그다음으로 정체성(3.7), 몰입성(3.6), 안정성(3.5)과 유연성(3.5), 경제성(3.3) 순으로 나왔다. 이프랜드의 사용자 경험 평가는 확장성(3.4)과 정체성(3.4)이 높았으며 그다음으로 몰입성(3.3), 안정성(3.3)과 유연성(3.3), 경제성(2.9)이 낮게 나왔다. 게더타운의 사용자 경험 평가는 확장성(3.3)과 유연성(3.3)이 높았으며 대체로 경제성(2.9), 몰입성(2.8)과 정체성(2.8)이 다른 메타버스 플랫폼보다 상대적으로 낮게 나왔다. 로블록스, 제페토, 이프랜드, 게더타운 플랫폼을 비교해서 시각화한 〈메타버스 플랫폼 활용 업무 회의 사용자 경험 평가 비교〉에서 제페토가 가장 높은 평가를 받았으며 그다음으로 로블록스, 이프랜드, 게더타운 순이다. 6개의 요소 중 경제성은 로블록스와 제페토가 자체 화폐를 활용한 보상 프로세스를 지원하고 있어 이프랜드와 게더타운에 비해 높게 나왔다고 분석할 수 있다. 게더타운의 정체성이 로블록스, 제페토,

---

22) 사용자 경험 평가 5점 척도

이프랜드, 게더타운 메타버스 플랫폼에서 가장 낮게 나온 이유는 사용자를 표현할 수 있는 아바타 꾸미기 기능이 상대적으로 부족한 것이 주요 원인으로 분석된다. 또한, 게더타운의 몰입성도 상대적으로 낮게 평가되었으며, 그 원인으로 게더타운의 그래픽이 과거 갤로그 PC 게임과 같은 가상 환경을 지원하는 데 있다. 〈서울시 메타버스 로드맵〉 1단계 도입 계획인 서울런 청소년드림센터, 2단계 인베스트 서울, 3단계 메타버스 전시·관광은 모두 메타버스이지만 그 제공 기능 요소가 각기 달라야 한다. 예를 들면, 서울런 청소년드림센터는 대상이 청소년이기 때문에 정체성 기능이 강화되어야 한다. 정체성 기능 요소는 "사용자는 메타버스에서 제공하는 캐릭터를 활용해서 자신을 대표하는 아바타를 표현한다."이다. 제페토나 이프랜드처럼 자신의 아바타를 꾸밀 수 있는 기능을 제공해야지, 게더타운처럼 2D 카툰 스타일로 다양성이 떨어지는 정체성 요소를 설계하면 메타버스 오픈 시 청소년으로부터 외면받을 가능성이 있다. 인베스트 서울과 메타버스 전시·관광의 기능 요소 중에 최우선으로 고려할 것은 경제성이다. 경제성은 "메타버스에서 만들어진 캐릭터, 재화, 서비스를 거래할 수 있는 보상, 화폐, 거래수단을 제공한다."이다. 불편하지 않게

즉시 지불하고 구매, 판매할 수 있는 기능을 지원하지 않으면 메타버스 플랫폼 목적과 위배된다. 투자하고 싶은데 송금 기능이나 가상자산 지불 기능이 없다면 메타버스 플랫폼은 실패할 것이다. 모든 메타버스 플랫폼이 필수적으로 고려할 요소가 안정성이다. 특히 아바타 간 절대 공간을 침해해서는 안 된다. 갑자기 남성 아바타가 여성 아바타로 돌진해서 얼굴을 터치하는 것은 불쾌함을 준다. 사실 이런 상황은 남성도 같다.

메타버스 플랫폼 활용 업무 회의 사용자 경험 평가 비교

● 메타버스 플랫폼 도입 5단계 절차

단계별 메타버스 도입 절차

　자금력이 탄탄한 은행권에서 경쟁적으로 메타버스 자체 구축을 추진하고 있다. 그런데 은행권이 처음부터 무턱대고 메타버스 구축을 시작한 것은 아니다. 제페토, 게더타운 같은 메타버스 플랫폼을 활용한 홍보·마케팅, 가상 지점 운영 경험은 은행 메타버스 플랫폼 자체 개발의 발판이 되었다. 메타버스 플랫폼을 도입하기 전에 메타버스 도입 5단계 절차가 필요하다. 1단계 목표 정의는 메타버스 플랫폼 활용 주기를 일회성, 지속성으로 구분해야 한다.

일회성은 이벤트 성격을 가지며 필요할 때만 사용한다. 지속성은 재택근무, 원격 교육, 가상 매장, 가상 부동산과 같이 일시적인 사용이 아닌 계속해서 사용하는 형태이다. 2단계 메타버스 기획은 메타버스 도입에 중요한 단계로 메타버스 공간을 디자인한다. 메타버스라는 공간을 디자인해서 아바타가 이동할 수 있는 동선을 만들고 어젠다와 토픽에 따라 아바타가 활동할 수 있는 시나리오를 기획해야 한다. 킨텍스와 같은 전시 공간을 임대 후 목적에 맞게 공간을 꾸미는 것처럼 메타버스 공간은 저절로 만들어지지 않는다. 공간을 디자인하고 높은 몰입감이 필요한 경우 VR/AR 디바이스(HMD, Glasses) 사용 여부도 결정해야 한다. '메타버스 멀미'라는 말처럼 메타버스에 접속하여 자신의 아바타를 어떻게 조정할지 몰라서 회의실에 우두커니 서 있는 아바타를 종종 본다. 모든 아바타가 앉아서 발표에 집중하고 있는데 자신의 아바타가 발표 연단을 이리저리 움직이는 모습은 아바타 주인의 마음을 불안하게 만든다. 그런데 어찌하랴. 누구도 아바타 조정법을 가르쳐 주지 않으니 말이다. 아바타의 주인이 멀미를 일으키지 않도록 공간의 설명, 아바타의 조작 등 이용 절차를 설명하는 매뉴얼 작성이 필요하다. 공간 디자인과 동시에 메타버스를 운영하는 관리자와 진행자가 있어야 한다. 메타버스 플랫폼에 따라 무료와 유료가 있으며 메타버스에 접속하는 아바타 인원에 따라 무료에서 유료로 바뀌는 경우도 있다. 그래서 메타버스 참여자(아바타) 인원수를 확인해야 한다. 원래 계획했던 인원보다 많은 참여자가 접속하는 경우 끊김이나 속도 저하 등 성능에 문제가 발생할 수 있다. 그래서 정확한 참여자 확인은 메타버스 비용 선정과 성능 보장에 중요한 요소이다. 3단계 플랫폼 선정은 실제 사용할 메타버스 플랫폼을 결정하는 단계이다. 공간 디자인 단계에서 기획한 내용을 최적으로 만족하는 메타버스 플랫폼을 선정하는 것이다. 높은 몰입감을 위해 HMD가 필요한 경우 인게이지(Engage), 알트스페이스VR(AltSpaceVR)을 선정할 수 있다. 메타버스 플랫폼은 다양한 종류의 메타버스 공간을 제공한다. 파워포인트에서 빌트인(Built-In)된 서식처럼 새로 만들 필요없이 편하게 사용하면 된다. 그런데 상용 메타버스 플랫폼에서 제공하는 공간에 새로운 공간을 추가하는 경우 디자인 저작도구(3D Max: 3D맥스, Maya: 마야, Blender: 블렌더 등)를 활용해서 새로운 공간을 만들어야 한다. 게더타운의 경우 아바타가 마인크래프트처럼 카툰 형태인데 인게이지의 경우 실사 이미지로 아바타를 만들 수 있다. 3D 스캔이나 스마트폰 사진으로 자신의 얼굴을 가진 아바타를 제작할 수 있다. 실사 이미지의 아바타가 필요한 경우 인게이지와 같은 메타버스 플랫폼을 사용해야 한다. 4단계 진행·운영 모니터링은 선정된 메타버스 플랫폼을 기획에 따라 진행/운영을 한다. 메타버스 공간에서 진행될 시나리오를 확인하고 참여자에게 기획한 내용을 설명하여 어려움과 혼란이 없는 아바타의 활동을 가이드해야 한다. 메타버스 플랫폼도 IT시스템으로 동시 참여자가 계획한 인원보다 많은 경우 장애 없이 작동될 수 있도록 대비해야 한다. 또한, 비인가된 참여자 접속과 아바타를 공격하거나 침해하는 비정상적인 활동도 감시해야 한다. 5단계 메타버스 플랫폼 운영은 경험 단계이며 일회성, 지속성 메타버스 플랫폼을 운영한 결과를 정리할 필요가 있다. 일회성이면 메타버스 플랫폼 사용 만족도와 보완할 점을 확인하여 향후 메타버스 플랫폼 사용 기획에 참조해야 한다. 지속적으로 메타버스 플랫폼을 사용하는 경우 메타버스를 운영하는 전담조직을 만들어야 하며 전담조직은 현재 업무를 메타버스로 전환·확장을 주도한다. 메타버스와 기존에 운영하는 HR(인적자원관리), ERP(전사적 자원 관리), CRM(고객 관계 관리), 영업 관리 시스템과 연계 절차를 정의하여 구현해야 한다. 메타버스 플랫폼은 AI, 디지털 트윈, 디지털 휴먼, 가상화폐, NFT 등 최신 기술을 통합하여 확장하는 기술 복합 결정체이다. 메타버스 도입 5단계 절차의 궁극적인 목표는 향후 메타버스 플랫폼 확보를 클라우드 메타버스 플랫폼으로 갈지 하이브리드 메타버스 플랫폼으로 갈지, 아니면 자체 메타버스 플랫폼을 개발할지 선택하는 것이다.

● **메타버스 캐즘(Chasm)과 롱테일(Long tail)**

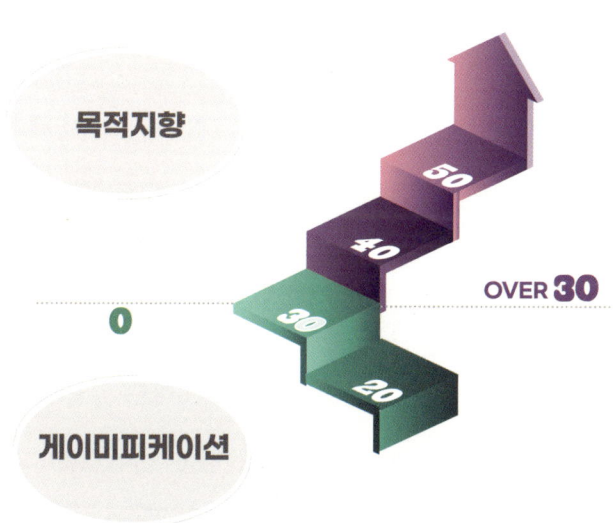

세대별 메타버스 접근 전략

메타버스 활용에는 세대(Generation) 간 캐즘(Chasm)이 존재한다. 국내 유명 콘텐츠 제작회사가 원격근무에 게더타운을 활용한 사례에서 30대를 기준으로 호불호가 확연히 나뉘어지는 메타버스 세대 간 캐즘이 나타났다. 20~30대는 메타버스에서 원격근무가 재미있고 흥미롭다는 의견이었고 앞으로도 계속해서 사용하기를 희망하였다. 20~30대가 메타버스를 선호하는 이유는 MMORPG와 같은 네트워크 게임 경험이 영향을 미쳤기 때문이다. MMORPG에서 아바타가 전투도 하고 탐험도 하는 게임에 익숙해서 게더타운을 적응하는 데 어색함이 없었을 것이다. 게더타운에서 활동의 주체는 아바타이고 MMORPG도 자신의 아바타가 게임을 주도한다. 알파세대가 오기 전에 지금의 20~30대가 메타버스를 주도한다. 반면 30대 이상은 20~30대와 다르게 불만스러운 마음으로 게더타운을 사용하였다. 30대 이상은 메타버스 사용 후 '굳이 메타버스로 해야 하나' 또는 '줌으로 해도 되는데'라는 의견이 대부분이었다. 사실 30대 이상 세대도 로블록스, 제페토 메타버스 플랫폼에 접속하여 게임도 하고 이벤트도 경험하지만, 메타버스에 체류하는 시간은 20~30분을 넘지 못한다. 30대 이상 세대가 메타버스 환경에 익숙하지 못한 부분도 있지만, 그들이 오래 머무르고 다시 방문할 만한 메타버스 콘텐츠가 없다는 방증이기도 하다. 따라서 메타버스 활용을 기획할 때 20~30대와 30대 이상 세대를 고려해야 한다.

그러면 30대 이상 세대는 메타버스의 캐즘에 빠질 수밖에 없는가? 그 답은 아니다. 30대 이상은 메타버스 활용에 확실한 목적이 있어야 한다. BTS, 〈오징어 게임〉으로 K-Pop, K-드라마, 한글 열풍이 대단하다. 만약 오프라인으로 한글 교육을 한다면 물리적 공간도 준비해야 하고 인테리어도 해야 한다. 사실 공간을 임대하고 인테리어를 하는 데 적지 않은 비용이 발생한다. 특히 코로나 시국에 오프라인으로 한글 학원을 내는 것은 큰 모험이 아닐 수 없다. 하지만 메타버스에서는 가능하다. 비용도 많이 안 들고 코로나에 대해 걱정도 할 필요가 없다. 그리고 국내뿐만 아니라 해외 수강생도 모집이 가능하다.

코로나가 오기 전에 북콘서트를 한 적이 있는데 행사를 준비하기 위해서 150명을 수용할 수 있는 공간을 준비하고 참석자를 위한 도시락을 인원수에 맞게 주문도 해야 했다. 행사를 알리는 현수막도 준비해야 했다. 참여 신청은 120명이어서 최소한 60명을 예상했으나 실제 행사 때는 30명도 안 되는 인원이 참석했다. 기대보다 저조한 참석률로 큰 실망을 했던 씁쓸한 경험이었다.

하지만 이와 같은 아픈 경험은 메타버스에서는 걱정할 필요가 없다. 비싸게 건물을 임대할 일도 없고 도시락을 준비할 필요도 없고 주차를 등록할 일도 없다. 잘 기획해서 잘 진행만 하면 된다. 30대 이상이 실용적으로 메타버스를 활용하기 위해서는 자신이 가지고 있는 경험과 콘텐츠를 메타버스에서 판매하는 것이다. 경험과 콘텐츠가 교육이든 컨설팅이든 예술이든 사람들에게 유익함을 준다면 무엇이든 가능하다. 현실 세계에서 벗어나 메타버스에서는 상상이 곧 현실이 될 수 있다. 메타버스는 롱테일 비즈니스가 가능하다.

● 메타버스 세상의 모든 기술을 빨아들이는 블랙홀

최신 기술의 복합체 메타버스

현실 세계와 가상 세계를 연결하는 메타버스는 아바타가 활동하는 새로운 공간이다. 인터넷과 SNS가 2D 공간이었다면 메타버스는 3D 공간이다. 인터넷과 SNS 공간에 다양한 기술이 레고 블록처럼 동영상, 사진, 메신저, 홈페이지, 블로그, 상거래 프로세스를 추가하여 플랫폼으로 진화시켰다. 메타버스 공간도 최신 기술을 블랙홀처럼 빨아드려 지속적으로 진화하는 플랫폼이 될 것이다. 〈최신 기술의 복합체 메타버스〉처럼 메타버스는 최신 기술을 조합하여 아바타 월드를 창조할 것이다. 현실 세계와 가상 세계를 연결하는 메타버스 플랫폼은 최신 기술을 조합하여 다양한 아바타 월드를 만들어 낼 것이다. 5G, 사물인터넷은 현실 세계 정보(사회 기반·공장 시설, 자동차, 교통, 생활 정보)를 수집하여 가상 세계에 정보를 복제한다. 현실 세계 정보를 가상 세계로 복제하기 위해 GPS로 정보의 위치를 파악하고 내부 정보는 BIM(Building Information Modeling: 3D 건축도면)을 활용하여 내부 공간정보를 디자인한다. 현실 세계의 정보 수집은 사물인터넷(센서)과 5G을 통해 가상 세계로 초고속으로 전달된다. 현실 세계와 가상 세계에서 만들어지는 정보를 수집, 저장, 분석, 예측하는 빅데이터/AI 프로세스는 클라우드 컴퓨팅 파워를 활용해서 처리된다. 양자컴퓨팅[23]이 상용화되면 현실 세계와 가상 세계의 정보 처리는 무한대가 될 것이다. 6G와 양자컴퓨팅은 현실 세계와 가상 세계를 연결하는 워프(Warp)[24]가 될 것이다. 현실 세계와 가상 세계의 정보가 상호 복제하여 만들어진 디지털 트

---

23) 구글 양자컴퓨팅 속도는 슈퍼컴퓨터보다 1000배 빠름
24) 스타워즈에서 나오는 초광속 이동 기술

원에 디지털 휴먼은 가상 세계에 존재하는 아바타이다. 아바타는 사람을 대신하는 아바타와 AI를 대신하는 아바타 두 가지 유형으로 존재할 것이다. 디지털 휴먼은 사람의 아바타와 AI의 아바타가 메타버스에 존재할 수 있도록 한다. 고해상도를 지원하는 CG 기술과 게임 엔진을 활용하여 실제 사람의 모습으로 사람과 소통하고 AI와 소통한다. 블록체인을 활용하여 가상화폐 거래를 지원하며 디지털콘텐츠를 NFT로 사고팔 수 있게 한다. 블록체인은 가상화폐와 NFT 거래의 투명성 지원과 위변조를 방지하여 거래의 안정성을 보장한다. 메타버스는 글로벌하게 연결된 세계이다. VR/AR 디바이스는 메타버스 몰입감을 극대화하기 위해서 사용하는 도구이다. 애플, 메타, 마이크로소프트가 VR/AR 디바이스를 경쟁적으로 출시하여 과거보다 가볍고 가격도 낮아지고 성능이 좋아지고 있어 저변확대가 가속화될 것이다. 스마트폰이 항상 가지고 다니는 필수 아이템이 되었듯이 VR/AR 디바이스도 제2의 스마트폰이 될 것이다.

Chapter **6**

실행 가능한 서비스에 집중하라

- 혼합 정보 큐레이션
- 증강 라이프
- 협력 제조설계
- 교육
- 가상 오피스
- 관광
- 의료
- 전자정부
- 쇼핑
- 엔터테인먼트
- 디지털 아트
- 경제적 관점에서 본 메타버스

실행 가능한 서비스에 집중하라

● 혼합 정보 큐레이션

우리는 정보의 홍수 속에서 살고 있다. 너무 많은 정보가 의사결정을 판단하는데 오히려 혼란을 주고 있다. 필요하고 정확한 정보를 검색하는 큐레이션은 현재 많은 분야에서 도입 활용되고 있다. 인터넷과 SNS에 산재한 정보를 빅데이터로 수집하고 AI로 분석 예측한 결과를 대시보드 형태로 시각화하여 보여 주고 있다. 이를 전문적으로 지원하는 소프트웨어도 판매되고 있다. 정부 기관, 기업에서 공공 정책과 기업전략을 수립하는 데 분석, 예측된 자료는 의사결정을 하는 데 중요한 역할을 하고 있다. 그런데 상황에 따라 자료를 다양한 관점에서 실시간으로 검색 결과를 확인하는 민첩한 정보 처리가 요구된다. 메타버스 VR/AR 디바이스를 활용하여 정보 처리 결과에 따라 의사 결정을 하면 프로세스에 상호작용과 몰입감을 극대화할 수 있다. 영화 〈마이너리티〉(The Minority, 2006)처럼 VR/AR 디바이스를 활용하여 정보를 터치해서 새로운 정보를 끄집어내고 확인하고 실시간으로 정보를 조작할 수 있는 혼합현실 정보 큐레이션을 할 수 있다. 메타버스는 VR/AR 디바이스 인터페이스를 활용하여 의료정보, 법률과 판례, 사회문화 현상, 팬데믹, 자연재해 등 방대한 자료를 3D 환경에서 시공간을 초월하여 사람을 대신하는 아바타가 정보를 공유, 논의, 협력, 재생산·소비할 수 있다. 혼합 정보 큐레이션을 메타버스에서 서비스 형태로 판매할 수 있으며 산업별 정보를 전문적으로 서비스하는 정보 마트(Information Mart)가 존재하게 될 것이다. 그리고 정보 범위도 다양해지는데 지금은 국내 정보가 많지만 메타버스 혼합 정보 큐레이션에서는 글로벌로 확장된다. 이때 정보 마트 사용료는 가상화폐, NFT로 지불할 수 있다.

혼합 정보 큐레이션-영화 Minority Report

● 증강 라이프

한창 폭발적인 인기를 끌었던 포켓몬 고(Pokémon GO)처럼 스마트폰을 활용해서 현실 세계의 정보에 정보를 추가하는 AR 기술이 화두가 된 적이 있다. AR 기술이 대부분 게임에 활용되어 기술 확산에 한계가 있었다. AR 기술이 제대로 활용되기 위해서는 GPS를 통해서 건물 위치를 파악하고 건물 내부 구조정보를 확인하여 길 찾기가 가능해야 한다. 현실 세계의 건물 위치와 건물 내부 구조정보를 가상 세계로 복제하여 디지털 트윈으로 두 개의 세계를 연결한다. 그리고 위치 센서가 부착된 스마트폰의 위치에 따라 가상 세계에서 온 정보가 스마트폰에 나타난다. 스마트폰의 위치 정보에 따라 민원 정보와 같은 공공 정보와 이벤트와 같은 커머셜 정보가 제공된다. AR 디바이스인 스마트 글래스는 차원이 다른 시각정보와 몰입감을 제공할 것이다. 스마트 글래스를 착용하면 눈앞에서 원하는 정보를 볼 수 있고 위치에 따라 필요한 정보를 추천받을 수 있다. 스마트 글래스는 스마트폰과 같은 또 다른 센서이다. 현실 세계와 가상 세계를 메타버스 플랫폼이 연결한 디지털 트윈에서 현실 세계는 사람이 가상 세계는 아바타가 활동한다. 우리는 두 개의 세계에서 생활하고 연결되는 새로운 세계를 경험할 것이다. 집에 오면 VR 디바이스로 가상 세계에 접속해서 아바타와 정보 공유, 교류를 통해 세컨드 라이프에서 생활한다. 메타버스에서 페이스북, 텔레그램, 카톡, 밴드와 같은 소셜 네트워크처럼 세컨드 라이프는 동적으로 확장되고 진화될 것이다.

5 Best Smart Glasses of 2022

● **협력 제조설계**

　제조설계 디지털 트랜스포메이션(DX: Digital Transformation)의 핵심은 아이데이션, 연구개발, 홍보·마케팅, 제품 기획, 제품 생산·판매, 배송, AS(After Service)가 클라우드, 사물인터넷, 빅데이터, AI 기술을 활용하여 하나의 프로세스로 통합·운영되는 것이다. 프로젝트 참여자는 시공간 제약 없이 접속하여 단계별 현황을 확인하고 협력 제작을 할 수 있다. 이것이 제조설계 산업이 DX를 하는 이유이며 DX를 통해서 지속 가능한 성장과 생산성 극대화를 이룰 수 있다. 창의적인 아이디어를 제안하고 누구나 아이디어에 대해서 의견을 내고 논의하는 조직문화를 통해 실현 가능성이 큰 아이디어를 연구개발과 제품 생산으로 연결하는 과정은 기업이 확보해야 할 필수 역량이다. 프로젝트 참여자는 메타버스에 접속하여 연구기획 검토, 신상품 디자인 리뷰, 제품 판매 현황을 시공간을 초월하여 네트워크 중심 공동작업을 할 수 있다. 북미, 남미, 아시아, 유럽 지역과 관계없이 프로젝트 참여자는 메타버스에 접속하여 생각을 공유하고 함께 문제를 해결할 수 있다. 공장의 기반 시설, 판매·배송·수리 현황이 사물인터넷 센서로 연결되어 현황 정보가 실시간으로 빅데이터로 수집되고 AI로 분석 예측된 데이터를 VR/AR 디바이스를 통해서 확인하고 의사결정을 내린다. VR/AR 디바이스는 높은 몰입감과 상호작용으로 지역과 시간의 한계를 극복한 협력작업이 가능하다. 창원 공장에서 기계 고장이 발생하더라도 서울에 있는 엔지니어가 창원에 가지 않고 메타버스에 접속하고 VR/AR 디바이스에서 보여 주는 영상을 보고 기계 고장의 원인을 파악해서 창원 공장 기계 담당 엔지니어에게 수리 방법을 지시한다. 현실 세계의 제조 설계 프로세스를 메타버스 플랫폼을 통해 가상 세계로 복제하고 정보의 싱크(Sync)를 맞추어 국내·국외 지역과 관계없이 사람의 이동 없이 협력작업이 가능하다.

Tooz(토즈) 스마트 팩토리

제조설계 DX처럼 군사 영역도 메타버스 디지털 트윈으로 혁신적인 군사작전이 가능하다. 사물인터넷 센서로부터 수집된 군 정보와 첩보를 AI 분석과 예측을 통해서 네트워크 중심 전장 데이터(Network Centric Warfare Data)를 기반으로 작전의 성공을 높이고 작전 수행 시 전장 환경변화에 따라 발생하는 예외 상황에 선제적으로 대응하여 스마트 국방을 실현할 수 있다. 특히 군사 작전에서 발생하는 위급한 부상 상황에 AR 디바이스를 통해 의무병원에 있는 군의관이 응급치료 조치를 현장에 있는 의무병에게 지시하여 원격치료를 할 수 있다.

오스트레일리아 공군 작전

● 교육

　VR/AR 디바이스를 통해서 메타버스에서 3차원 몰입형 교육 교재를 활용한 상호작용성이 높은 영상 기반 실습은 대한민국 학교가 활용할 도구이다. 교육 콘텐츠가 영상인 경우 높은 몰입감을 유도하기 위해 VR/AR 디바이스 역할이 중요하다. VR/AR을 활용한 교육 영상 콘텐츠 개발은 높은 수준의 게임 프로그래밍과 교육 콘텐츠 기획력이 요구된다. 그래서 어지러움과 눈부심이 없는 양질의 영상 콘텐츠 제작비용은 크다. 하지만 잘 만들어진 영상 콘텐츠는 대한민국 교육의 질을 높일 수 있다. 공공 교육 프로젝트로 교육 콘텐츠를 제작하여 교육 메타버스 플랫폼에서 공유한다면 학교별 교육 콘텐츠 수준 격차를 확실히 줄일 수 있다.

메타버스 기반 교육

마이크로소프트 홀로렌즈, 오큘러스, 바이브와 같은 VR/AR 디바이스의 가격은 메타버스 대중화에 따라 낮아져 보급이 활성화될 것이다. 교육 메타버스 플랫폼을 통해서 국내외 산재한 VR/AR 교육 콘텐츠를 수집하여 공유할 수 있어 단기간에 교육 영상 교재를 확보할 수 있다. AI 기반 디지털 휴먼을 활용하여 언어 학습과 게임 기반의 콘텐츠 개발로 교육의 몰입감과 상호작용성을 높일 수 있다. 일반 학교와 다르게 방송·사이버 학교는 메타버스 플랫폼에 가상 교육/캠퍼스 공간을 만들어서 소속감과 교육의 집중도를 높일 수 있다. 교육 메타버스 플랫폼에 디지털 휴먼의 활용도는 높아질 것이다. 실사와 같은 이미지로 위대한 철학자, 위인, 과학자, 예술가, 운동선수와 대화를 통해서 지식을 배우고 지혜를 얻을 수 있는 교육 방식은 혁신적인 시도가 될 것이다. 교육 메타버스에 해외 학생들도 접속할 수 있어 공동 연구를 하고 글로벌 주제에 대한 문제해결 커뮤니케이션을 할 수 있어 자연스럽게 글로벌 네트워크를 만들 수 있다. 학령인구 감소와 수도권 선호로 인해 정원 미달이거나, 일부 정원이 채워졌더라도 3~4학년은 30% 이하로 학생이 줄어 지방대와 지역상권은 위기이다. 지역별로 대학 연합 협의체를 구성하여 줄어드는 학생을 모아서 국내외 유명 교수를 온·오프라인으로 연결하여 메타버스로 양질의 교육 서비스를 제공해야 한다. 온·오프라인 교육은 '미네르바 대학'과 비슷하나 일정 기간 순환 형태로 지역별 대학에 대면 수업을 진행하고 메타버스에서 비대면 수업을 혼용하는 하이브리드이다.

유니큐(UNEEQ) 아인슈타인 디지털 휴먼

● 가상 오피스

위드 코로나로 일상은 코로나 이전으로 회복을 시도할 것이다. 시작은 해외여행, 대형 전시, 공연 등 문화 활동이다. 비대면에서 대면으로 다시 일상의 중심이 이동할 것이다. 하지만, 2년이 넘게 경험한 비대면 문화는 새로운 일상의 문화가 되었다. 앞으로 공공기관, 기업의 일하는 방식은 대면과 비대면을 조합한 하이브리드 업무문화가 정착되고 활성화될 것이다. 하이브리드 업무문화는 공공기관, 기업의 조직역량을 평가하는 척도가 될 것이다. 일하는 시간이 아닌 성과 위주, 프로젝트 기반으로 일하는 방식이 오래전부터 그렇게 강조했던 '디지털 노마드'로 바뀔 것이다. 노동의 방식이 이전보다 유연해지고 사회에 필요한 역량을 가진 인재가 일할 기회는 더 많아질 것이다. 가상 오피스에 출근하여 대면처럼 일할 수 있어 경력 단절에서 오는 일자리의 불균형을 해소할 수 있으며 대한민국의 인적자원을 방치·낭비하는 일도 없어질 것이다. 그리고 가상 오피스의 출근으로 유아 돌봄 문제를 해소할 수 있다. 공공기관과 기업은 하이브리드 오피스가 아닌 완전한 가상 오피스로 업무 전환을 시도할 것이다. 사무실에 상시 출근할 필요가 없는 기간 프로젝트, 보험, 상담, 영업, 현장 수리부터 물리적 공간을 줄일 것이다. 코로나로 예상하지 못한 원격 근무는 집에서 일과 휴식이 혼재되어 적응하는 데 어려움이 많았으나 지금은 원격 근무를 선호하는 경우가 많아지고 있다. 메타버스 가상 오피스는 유연한 업무 공간을 만들어준다. 공공기관, 기업은 메타버스 가상 오피스 환경을 제공해야 한다. 20~30대 Z세대와 가까운 미래 알파세대를 위해 메타버스에서 일할 수 있는 공간을 Z세대를 통해서 문화로 만들어서 알파세대를 맞을 준비를 해야 한다. 우수한 Z세대와 알파세대 인재를 확보하기 위해서 메타버스 가상 오피스 준비는 반드시 필요하다.

알트스페이스VR 가상회의[25]

---

25) docs.microsoft.com/en-us/windows/mixed-reality/altspace-vr/explore/host-events

● 관광

　BTS의 K-Pop, 코리아 좀비를 세계적으로 유명하게 만든 〈킹덤〉, 〈오징어 게임〉의 K-드라마가 한국의 인지도 상승을 이끌어 한류에 관한 관심이 높아졌다. 위드 코로나로 자연스럽게 한국 방문이 늘어날 것이다. 그런데 한국에 오기 전에 K-Pop 콘서트, 관광, 의료, 숙박지 안내, 문화 체험을 메타버스에서 제공하는 것이다. 관광 메타버스는 가상 관광에서 실제 관광으로 연계하여 한국 관광을 편리하게 시작할 수 있도록 여행 스케줄, 예약, 입국, 관광, 쇼핑, 결제, 출국까지 원스톱(One Stop) 프로세스를 제공한다. 한편 K-Pop과 K-드라마로 한국어 교육 열풍이 세계적으로 불고 있으나, 외국인 대상 한국어 교육 전문 기관은 수요에 비해 부족한 상태이다. 한국어 교육을 관광과 연계하는 전략이 필요한데 메타버스에 관광과 한국어 교육을 함께 제공하는 것이다. 대한민국 각 지역별 문화와 관광을 소개할 수 있는 디지털 트윈 메타버스로 구축하여 한류 확산과 관광으로 연결하는 기반으로 활용할 수도 있다. 현재 지자체가 홈페이지, 소셜 미디어를 통해서 지역 관광을 소개하고 있으나 디지털 트윈 메타버스를 활용하여 관광지를 홍보할 수 있다. 관광하려는 지역 메타버스에 방문하여 가상 관광 여행을 하고 실제 방문 시 숙소와 주문을 사전에 예약할 수 있다. 말레이시아 말라카 시티는 관광 활성화를 위해 말라카 시티를 디지털 트윈 메타버스에 만들어서 말라카 시티를 소개하고 있다. 말라카 시티 메타버스 방문자는 블록체인 기반 게임, 가상화폐 투자, 디지털 자산을 NFT로 거래할 수 있는 블록체인 플랫폼을 제공한다. 말라카 시티는 가상 관광뿐만 아니라 커머스 기능도 지원한다. 위대한 건축 디자이너 자하 하디드[26] 아키텍트(Zaha Hadid Architects)에서 Cyber Urban 시티를 메타버스에 만들었다. Cyber Urban 시티는 리버랜드(Liberland)[27]를 디지털 트윈 메타버스로 구현하여 가상화폐로 부동산을 구매할 수 있고 자신의 아바타가 리버랜드 메타버스에 입장하여 다피이(DeFi)[28], NFT 거래와 전시에 참여할 수 있고

---

[26] 우주선과 같은 모습의 동대문디자인플라자(DDP)를 디자인한 자하 하디드는 이라크 출신 영국의 건축가이다. 자하 하디드는 해체주의 건축으로 유명하며 프리츠커상(건축계의 노벨상)을 받은 최초의 여성 건축가이다. 대표 작품으로 독일 비트라 소방서(Vitra Fire Station), 헤이다르 알리예프 문화센터(Heydar Aliyev Cultural Center), 런던 아쿠아틱스 센터(London Aquatics Center) 등이 있다.

[27] 리버랜드 자유 공화국은 세르비아-크로아티아 국경 분쟁으로 양국이 서로 타국의 영토라고 주장하는 무주지에 세워진 신생 자칭 국가이며 사실상의 마이크로네이션(초소형 국가)이다. 체코의 정치인 비트 예들리치카가 2015년 4월 13일에 선포하였다. (위키백과)

[28] 탈중앙화 금융(Decentralized Finance)의 약자로서, 탈중앙화된 분산금융 또는 분산재정을 의미한다. 주로 암호화폐를 담보로 걸고 일정 금액을 대출받거나, 혹은 다른 담보를 제공하

공간을 초월한 사람들과 협력하여 생산적인 활동을 할 수 있다. 마이크로네이션인 리버랜드는 메타버스로 탄생하여 가상의 공간에서 메타버스 개발자와 가상화폐 생태계를 위한 인프라를 제공하여 메타버스 드림 메이커(Metaverse Dream Maker)를 지향하고 있다. 현실 세계에는 물리적 공간의 한계가 있지만 가상 공간에는 물리적 공간의 한계가 없듯이 리버랜드 메타버스는 새로운 기회의 공간이 될 수 있다.

자하 하디드 메타버스 시티 리버랜드

암호화폐를 대출받는 방식으로 작동한다. (해시넷)

● 의료

AR 디바이스를 활용하여 혁신을 기대할 수 있는 으뜸 영역은 의료이다. 의료에서 중요한 자료는 사진과 영상 데이터이다. AR 디바이스를 활용한 의료 메타버스 플랫폼에 접속하여 2D에서 의료데이터를 3D로 검색하고 국내외 명의와 공동으로 치료와 수술 방법을 협의하여 최선의 치료와 수술 방안을 제시할 수 있다. AR 디바이스 기반 의료 메타버스는 3D 의료 데이터를 중심으로 서비스의 질을 획기적으로 높일 수 있다. 분야별 전문의가 물리적 이동 없이 세계 어디에 있든 시간과 관계없이 치료와 수술에 참여할 수 있고 결과는 지식으로 저장된다. 의료관련 논문, 지식과 경험을 빅데이터로 저장하고 AI로 분석하고 최선의 치료 수술 방안을 지속적으로 개선할 수 있다. 의료 메타버스 플랫폼은 의료서비스 질의 차이를 극복할 수 있고 응급 치료, 야전 의료를 개선할 수 있는 기반이 될 것이다. 원격으로 장비 수리할 때 예상하지 못한 문제가 발생하면 AR 디바이스를 통해 영상이 통신망으로 전달되어 문제를 파악하고 해결 방안을 제시하는 것처럼 AR 디바이스 기반 의료 메타버스는 시공간을 초월한 가상 병원

(Virtual Hospital) 역할을 할 수 있다. 의료 데이터는 시각화가 중요한데 AR 디바이스는 영상 정보 시각화 프로세스를 처리하는 데 적합한 도구이다. 이를 최적으로 활용할 수 있는 곳이 자폐 영역이다. 자폐는 보통 3세 이전 아동기 초반에 나타나는 발달 장애이며 증상과 심각도는 다양하나 자폐증은 타인과 상호관계가 형성되지 않고 정서적인 유대감이 일어나지 않는 특징을 가진다. 그래서 자신과 다른 대상에 관심을 가지는 데서 자폐아 치료가 시작된다. 강아지와 친밀도를 구축하여 화재 시 대피 요령을 가르치는 경우도 있다. 자폐아는 시각과 소리에 뛰어난 감각이 있어 AR 디바이스는 매우 적합한 도구이며 VR 디바이스보다 착용감에서 자폐아에게 불편함이 덜 하다. 자폐아가 좋아하는 소리와 강아지와 같은 대상을 활용한 게임 기반 치료 프로그램을 개발하여 점진적으로 부모와 형제 가족으로 대상을 확대하는 것이다. 종국에는 세상에 관심을 가지고 소통하는 방식을 배우게 된다. 자폐 치료의 모든 과정은 의료 메타버스 플랫폼에 기록되고 빅데이터로 저장되며 AI로 치료 분석과 예측하여 다음 치료 프로그램을 개발하는 데 활용된다. 자폐 치료 결과는 혈액 검사를 통해 분석되는데 이때 필요한 대용량 컴퓨터 파워는 클라우드 자원을 사

용한다. 의료 메타버스 플랫폼은 치료 센터의 기능도 가지게 될 것이다.

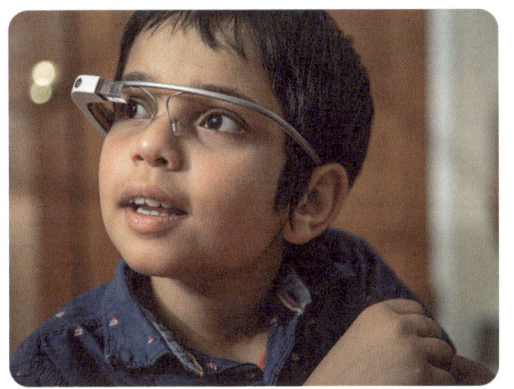

<구글 글래스 "See" Emotion>[29]

---

29) IEEE.org Spectrum-UPGRADED GOOGLE GLASS HELPS AUTISTIC KIDS "SEE" EMOTIONS

● 전자정부

주민센터에 가지 않고 주민등록 등초본, 건축물·토지 대장을 인터넷으로 편리하게 발급해 주는 대국민 포탈이 정부24이다. 정부24는 정부의 서비스, 민원, 정책·정보를 통합·제공하는 대민 서비스 향상을 위해서 인터넷으로 직접 민원을 신청하여 발급받을 수 있는 시스템이다. 그런데 정부24 시스템이 만들어진 지가 20년이 되어 간다. 그동안 시스템은 업그레이드가 되었으며 정부24는 모바일로도 제공되고 있다. 전자정부에서 제공되는 정부정책과 민원 서비스를 메타버스로 제공할 시기가 되었다. 정부24가 PC 기반, 모바일 기반 그리고 메타버스 기반으로 정부 공유 채널을 확대해야 한다. 정부 공유 채널의 다변화는 정부 정책 홍보와 민원 서비스 만족도 향상에 중요한 역할을 한다. 정부가 MZ세대, 향후 알파세대와 소통하고 민원 서비스를 위해 메타버스는 대안이 될 것이다. 메타버스 기반으로 금융, 교육, 마케팅, 유통, 문화예술이 서비스되는 디지털 트랜스포메이션에 전자정부도 대처하기 위해 정부24의 메타버스로의 전환은 반드시 추진되어야 한다. 전자정부 메타버스는 AI 챗봇을 통해 민원상담과 문의를 안내해서 물리적 이동이 어려운 사람을 위한 배려와 사회적 약자의 디지털 포용을 실현할 수 있다. 현실 세계에서 개인 프라이버시 노출로 주민센터 방문에 불편함이 있는 경우 메타버스에서 자신의 아바타가 대신해 준다. 그리고 전자정부 메타버스를 활용하여 한국 정부의 UN, 개도국 등 국제사회 지원 활동과 국가 홍보를 할 수 있다. 한국에 관심이 있는 지한파(知韓波) 외국인에게 메타버스 코리아 시민권을 부여하여 한국과의 유대감(K-Band) 강화와 인지도 향상을 도모할 수 있다.

● 쇼핑

고해상도 CG를 기반으로 의류, 신발, 주얼리, 가전, 식료품, 마트를 실사와 같은 이미지로 메타버스에 매장을 만들어서 아바타가 쇼핑할 수 있다. 브랜드별 몰(Mall)을 아바타가 방문하여 상품을 보고 착용도 하고 마음에 들면 구매하여 실제 물리적으로 구매가 일어나서 현실 세계의 주소로 배송된다. 모바일 쇼핑처럼 비대면 쇼핑이지만 메타버스에서는 실제 쇼핑을 하는 자신의 아바타를 통해 일치성을 느낀다. MZ세대를 대상으로 스포츠와 의류 브랜드를 중심으로 쇼핑 메타버스는 확산되고 있다. 신발, 의류 상품을 NFT로 판매하는 것도 활성화될 것이며 가상 세계에서는 NFT로 신발을 구매하고 동시에 현실 세계 신발을 구매할 수 있다. 국내외 대형 몰, 백화점, 지역 특색이 반영된 전통 시장이 메타버스에 만들어질 것이다. 두 가지 형태의 아바타가 쇼핑 메타버스에 존재한다. 자신을 닮은 아바타가 사람이 선택한 옷을 입어 보고 사람이 결정한다. 아바타에 투영된 자신을 보고 선택한 옷이 잘 어울리는지 확인하여 구매를 결정하는 데 어려움이 없을 것이다. 또 다른 아바타는 AI 아바타이다. AI 아바타는 지능이 있는 아바타로 사람이 원하는 쇼핑 리스트를 미리 알려 주면 쇼핑 메타버스를 돌아다니면서 사람의 쇼핑 리스트에 따라 구매를 진행한다. 당연히 쇼핑 메타버스에 구매한 상품은 현실 세계에 무사히 배송된다. 스마트 가전과 연결된 쇼핑 메타버스의 아바타는 냉장고와 통신하여 부족한 식료품을 사람을 대신해서 구매하는 것도 가능하다.

월마트 메타버스 쇼핑

● 엔터테인먼트

현실 세계의 놀이터, 만남의 광장, 카페, 학교 도서관이 아닌 가상세계 메타버스에 만들어진 공간에서 자신을 대표하는 아바타를 통해서 친구의 아바타를 만나 게임을 하고 교류하는 공간에서 사회관계를 형성한다. 메타버스 공간에서 아바타는 관계를 만들어 가는 매개체이다. 국내외 지역적으로 떨어져 있지만, 친구들과 콘서트, 공연, 전시회를 함께 보면서 공감하고 콘텐츠를 공동으로 창작하고 소비한다. 실물처럼 공간을 만들어서 스포츠 게임을 함께 참여하여 유대감을 강화할 수 있다. 엔터테인먼트 메타버스는 다양한 게임을 모아둔 일종의 게임팩이다. 단지 게임만 하는 것이 아니라 게임을 통해서 즐거움을 느끼고 기업 홍보, 상품 소개, 마케팅, 구매, 브랜드 강화, NFT 거래 등 다양한 활동이 가능하다. 상업적인 커머스 기능이 연계되어 다양한 형태의 엔터테인먼트가 파생되고 확장될 것이다. 엔터테인먼트 메타버스는 놀이와 커머스가 융합되어 메타버스 확산과 투자를 촉진하는 중요한 역할을 할 것이다. VR/AR 디바이스 기반 엔터테인먼트 메타버스는 한 차원 높은 몰입감과 상호작용을 제공할 것이며 디바이스를 대중화하는 데 크게 기여할 것이다. 나이키, 아디다스, 퓨마 등 글로벌 스포츠 기업이 메타버스 스포츠 경기를 개최하여 브랜드 홍보·마케팅, 신상품 소개, 판매하려는 시도는 경쟁적으로 추진될 것이다.

산사(SanSar) 메타버스 뮤직 이벤트 시연

● 디지털 아트

메타버스는 롱테일 비즈니스(Long Tail business)에 적합한 플랫폼이다. 메타버스 공간은 현실 세계 공간보다 접근이 용이하고 극히 적은 비용으로 사용할 수 있다. 특히, 문화 예술 분야는 메타버스 플랫폼을 활용하여 새로운 기회를 만들 수 있다. 현실 세계에서 아티스트가 예술의전당과 같은 유명한 갤러리에서 전시회를 여는 일은 쉽지 않다. 사람이 많이 모일 수 있는 공간을 가진 갤러리 전시를 통해서 그림을 판매하고 관객과 소통하는 것은 아티스트에게 작품활동을 할 수 있는 에너지이다. 혼신의 힘을 다해서 창작한 작품을 알릴 수 있는 기회가 없다면 아티스트에게 큰 실망과 좌절을 준다. 메타버스 공간은 누구나 접근해서 원하는 공간을 만들 기회의 공간이다. 아티스트는 자신의 작품을 메타버스 플랫폼에 전시하고 NFT[30]로 판매할 수 있다. 〈레어러블(Rarible) NFT 거래소[31], Word #4520 작품〉처럼 NFT로 디

---

30) NFT는 블록체인(거래 이력 분산 저장)을 활용해 디지털 인증서를 붙이는 기술로 디지털콘텐츠(이미지, 텍스트, 예술품, 게임 아이템, 웹툰, 영화/방송 장면/포스터)의 소유권을 증명한다. 인지도가 있는 뮤지엄, 예술의전당 등 지자체 아트센터에서 레어러블처럼 NFT 거래소 서비스를 한다면 지역 아티스트의 창작 활동을 촉진할 수 있는 좋은 기반이 될 것이다. 특히 초중고 학생의 작품을 NFT로 판매하는 과정에서 블록체인, 가상화폐 최신 기술이 실질적인 경제활동으로 연결되는 학습 효과를 체험할 수 있다.
31) 레어러블 NFT 거래소는 이더리움(Ethereum), 테조스(Tezos), 플로(Flow) 3가지 코인을 지원하는데 수익구조는 디지털콘텐츠를 블록체인을 사용해서 NFT로 변환할 때(Minting) fee를 받고 NFT 소유자가 판매할 때와 구매하는 경우 fee를 받는 구조이다.

지털콘텐츠를 거래할 수 있는 NFT 거래소를 활용하여 작품 판매를 통해 다양한 창작 활동을 할 수 있다. 유명한 그림을 소유한 백화점, 자동차 기업은 소유하고 있는 그림을 NFT로 고객에게 제공하여 브랜드 충성도를 높이고 선순환 고객 관계를 구축한다. 작품을 노출할 기회조차 없는 아티스트는 메타버스 플랫폼을 활용하여 작품을 통해 대중과 호흡하고 NFT로 창작 활동을 촉진할 수 있다. 디지털콘텐츠로 가상 세계 내 작품 성공이 현실 세계의 성공으로 이어지는 연결 고리가 메타버스 플랫폼이 될 것이다. NFT는 이더리움과 같은 가상화폐로 판매하여 전 세계 누구에게나 자신의 작품을 판매할 수 있어 해외에 자신의 작품을 알릴 기회를 만들 수 있다.

레어러블 NFT 거래소

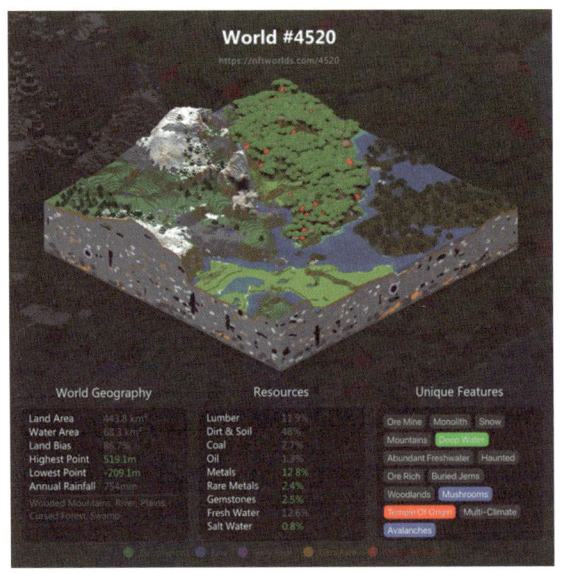

레어러블(Rarible) NFT 플랫폼, Word #4520 작품[32]

---

32) rarible.com/token/0xbd4455da5929d5639ee098abfaa3241e9ae111af:4520?tab=details

● 경제적 관점에서 본 메타버스

메타버스는 가트너 하이퍼 사이클(Gartner Hype Cycle)[33]로 달려가고 있다. 2022년 메타버스는 2단계의 끝자락에 있다. 가트너 하이퍼 사이클은 신기술 출현 이후 과정을 명확하게 보여주는 장점이 있다. 기술의 파고(Technology's wave)에서 처럼 뜨거운 관심을 받고 실제 도입하는 사례가 많아지고 성공 사례가 더 많아지면 확산의 길로 가지만, 그 반대의 경우 노을처럼 사라진다. 메타버스는 이제 성공과 실패의 중요한 갈림길에 있다. 신기술의 성공 법칙은 단순하다. 기업이 제품과 서비스를 개발하는 경우 소비자 대상이 있느냐이다. 그 소비자 대상이 영속적으로 존재하느냐도 중요하다. 제품과 서비스를 만들었는데 소비자

---

33) 가트너 하이퍼 사이클(Gartner Hype Cycle)은 새로운 기술이 출현했을 때 시장의 기대와 수용이 단계별로 시각화하는 그래프이며 정보 컨설팅 회사인 가트너에서 개발하였다. 하이퍼 사이클은 5단계로 구성된다. 1단계 기술 촉발(Technology Trigger)은 새로운 기술에 대한 미디어와 대중의 관심이 폭발하는 단계이다. 2단계 부풀려진 기대의 정점(Peak of Inflated Expectations)은 미디어와 대중의 관심을 지나 실제 적용 사례가 만들어지는 단계로 새로운 기술에 대한 낙관론과 회의론이 동시에 존재하지만 여전히 낙관론이 우세하다. 3단계 환멸 단계(Trough of Disillusionment)는 다양한 기업에서 새로운 기술을 도입하는 시도가 증가함에 따라 동시에 실패하는 사례가 많이 발생하지만 일부 사례에서 가능성 있는 성공 사례를 만들어 내는 단계이다. 즉, 옥석을 가리는 단계이다. 4단계 계몽 단계(Slope of Enlightenment)는 성공 사례가 늘어나면서 기업은 더 많은 투자로 이어지고 새로운 기술의 확신과 확산의 단계이다. 5단계 생산성 안정 단계(Plateau of Productivity)는 새로운 기술이 시장에 안정적으로 정착되는 단계로 산업에 주류(Mainstream)로 자리 잡는 단계이다. (위키피디아, 재구성)

가 사라지면 기업은 사업에서 철수할 수밖에 없다. 2022년 메타버스에서 주목해야 할 부분은 위드 코로나로 비대면·비접촉에서 대면과 접촉으로의 일상 회복이다. 메타버스에서 관광보다는 직접 비행기를 타고 여행을 가고 싶어 한다. 쇼핑도, 전시도, 콘서트도 마찬가지이다. 하지만 절대적으로 비대면·비접촉이 필요한 영역으로 메타버스는 자연스럽게 확산될 것이다. 또한, 메타버스 서비스는 세대별 서비스로 세분화되고 전문화 될 것이다. 가장 중요한 것은 메타버스를 구축·운영하기 위한 투자 여력이다. 위드 코로나, 비대면·비접촉 니즈와 경제적 관점에서 메타버스는 소셜 메타버스, 오피스 메타버스 그리고 디지털 트윈 메타버스로 수렴될 것이다. 소셜 메타버스는 게임적 특성이 강한 메타버스로 홍보·마케팅, 브랜드 강화, 조직문화 활성화 같은 커뮤니티, 엔터테인먼트 그리고 전시·행사를 지원한다. 오피스 메타버스는 원격 연결의 특징을 가지며 가상 업무 공간, 회의, 교육, 세미나, 국내외 컨퍼런스와 정보 공유를 지원한다. 디지털 트윈 메타버스는 현실 세계와 가상 세계를 양방향 복제하는 특징을 가지며 도시의 라이프 사이클 정보를 담고 있는 스마트 시티, 공장 생산 정보를 담고 있는 스마트 팩토리를 지원한다. 소셜 메타버스는 게임의 범주에서 VR/AR 기반의 게임의 생태계로 발전할 것으로 본다. 여기에 메타의 딜레마가 있다. 메타는 오큘러스 VR 디바이스를 확산하고 싶어한다. 문제는 VR 디바이스를 착용하고 회의를 하고 커뮤니티 활동하는 것은 상당히 불편하다. 이런 불편함을 감수하는 영역은 아직은 게임뿐이다. 그래서 메타는 호라이즌 월드를 소셜이 아닌 다른 영역으로의 확대를 심각히 고민해야 한다. 메타가 풀어야 할 숙제는 'VR 디바이스의 자연스러운 착용 문화'를 만드는 것이다. 오피스 메타버스는 코로나가 안정화가 되더라도 자리를 지킬 것이다. 기업은 그동안 비대면·비접촉 경험과 축적된 노하우를 기업 업무에 확대할 것이다. 기업은 오피스 메타버스를 활용하여 일하는 방식, 공간 비용과 MZ세대와 앞으로 올 알파세대를 위한 기업문화를 구축해야 한다. 사실 코로나로 시작된 재택근무는 익숙치 못해 초기에 불편함을 호소하는 일이 많았다. 회사 일과 가정 일이 혼재된 재택근무는 회사도 직원도 고육지책(苦肉之策)이었다. 하지만 인간의 적응력은 위대할 정도로 불편함에서 익숙함으로 재택근무의 인식이 바뀌었다. 회사도 직원의 근무시간이 아닌 결과를 확인하는 인식의 변화가 있었다. 최근 기업에서는 원격근무를 선호하는 직원들이 본격적으로 출근을 시작할 때 핵심 인재들의 이직을 걱정하고 있다. 거대 자본력을 가진 기업이 추진할 디지털 트윈 메타버스는 스마트 팩토리이다. 제조 설계 기업은 디지털 트랜스포메이션 실현을 위해 디지털 트윈 메타버스 활용에 집중할 것이다. 이유는 투자 대비 확실하고 강력한 베니핏(Benefit)을 제공하기 때문이다. 구성원 간 오픈 마인드 확산, 시공간을 초월한 협업 기반 제품개발과 생산원가 절감, MZ 세대와 소통을 통한 신제품 기획처럼 기업의 프로세스를 최적화하고 혁신할 수 있는데 기업이 주저할 이유가 없다. 메타버스를 활용할 수 있는 산업 영역은 무수히 많다. 멋진 비즈니스 모델이 비즈니스의 성공을 가져다주지 않는다. 누구나 화려한 메타버스 서비스 모델을 기획할 수 있지만 이를 성공적으로 구현·운영하기 위한 고객과 비용 확보는 절대 잊어서는 안 될 현실적 항목이다.

Chapter 7

메타버스 핵심 역량

- 메타버스 기획자는 King 개발자는 Queen
- 게이미피케이션 메타버스를 플레이하다

메타버스 핵심 역량

● **메타버스 기획자는 King 개발자는 Queen**

메타버스 주제 학회에서 한 교수님이 이런 말을 했다. "메타버스가 참 중요한 주제라는 것은 알겠는데, 내가 우리 아들처럼 마인크래프트, 로블록스 게임을 하는 것은 어렵다. 내가 게임을 좋아하는 것도 아니고 그렇다고 제페토 C&U에 찾아가는 것도 아닌 것 같다. 내가 메타버스를 어떻게 사용할지는 아직 정해진 것은 없다. 하지만 메타버스를 사용하면 현실 세계에서 시도하기 어려운 일을 쉽게 할 수 있는 플랫폼으로 보인다." 입맛에 맞는 메타버스 플랫폼을 찾아서 선택하는 것도 중요한 일이지만 선정한 메타버스 플랫폼을 어떻게 활용할지 계획을 수립하는 메타버스 기획이 성공적인 메타버스 활용에 핵심요인이다. 그만큼 메타버스 기획력이 중요하다는 말인데 현실 세계에서 전시관을 대관해서 어떻게 사용할지 기획을 하는 것처럼 메타버스 공간을 어떻게 활용할지 세밀한 기획이 요구된다. 현재 메타버스 사업영역에서 가장 부족한 분야가 메타버스 기획이다. 많은 분야에서 메타버스를 도입하지만 꼼꼼하지 못한 기획으로 메타버스 회의론을 조장하는 이유이기도 하다. 사실 기획 전문 회사라도 메타버스 기획은 생소한 영역이다. 2021년 초부터 호기심에서 시작된 메타버스는 홍보·마케팅, 이벤트, 교육, 원격근무 등 다양한 영역에서 경험하고 있으나 이제 호기심 단계를 지나 실전 메타버스를 고민하고 있어 메타버스 기획의 중요성은 어느 때보다 커지고 있다. 메타버스 기획을 위해서는 메타버스 플랫폼별 특징과 기능을 학습해야 한다. 메타버스 플랫폼 기능을 이해하지 않고 메타버스를 기획하는 것은 양궁선수가 조준하지 않고 화살을 날리는 것과 같다. 메타버스 기획을 검증하기 위해 파일럿 프로젝트를 진행해서 참여자의 호불호를 분석·보완하여 기획력을 확보해야 한다. 메타버스 기획의 시작은 기존 콘텐츠를 활용하는 것이 가장 효과적이다. 메타버스 기획력을 빠르게 확보하는 방법은 현재 보유하고 있는 콘텐츠를 메타버스로 전환해서 서비스하는 것이다. 만약 대면으로 제공되는 교육 콘텐츠가 있다면 교육 콘텐츠를 메타버스에서 제공될 수 있도록 기획하는 것이다. 그럼 메타버스 교육과 기존 교육 방식에 차이가 확연히 드러날 것이다. 이런 차이를 보는 것이 메타버스 기획의 시작이다. 이런 차이를 이해했다는 것은 직접 하지 않으면 누구도 대신할 수 없다. 메타버스 기획이라는 King이 있으니 이제 메타버스를 King과 함께 통치할 Queen이 필요하다.

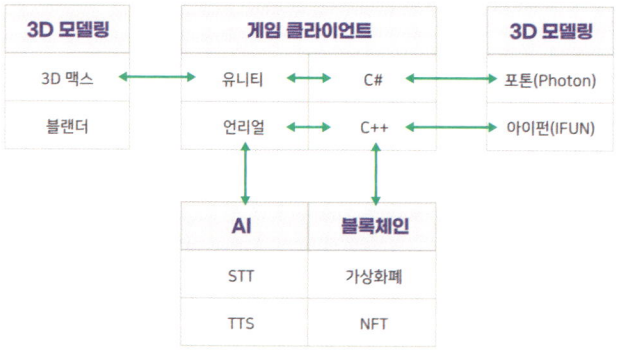

메타버스 개발 기술 구성도

과학기술정보통신부는 메타버스 플랫폼 개발 사업을 다양한 영역에서 지원하고 있다. 과거 소셜 미디어 플랫폼 전쟁에서 국내 시장을 내어준 사례에서 플랫폼의 폭발적인 가치를 알 수 있었다. 소셜 미디어 플랫폼과 다르게 메타버스 플랫폼 시장에서만큼은 주도권을 확보하겠다는 의지가 담겨 있다. 제페토, 이프랜드가 선전하고 있지만 다양한 산업 분야를 지원하기 위한 산업 전용 메타버스 플랫폼 자체 확보는 산업 경쟁력을 높이는 데 필수다. 과학기술정보통신부에서 지원하는 메타버스 플랫폼 영역은 메타버스 도시 플랫폼, 생활경제형 메타버스 플랫폼, 산업융합형 플랫폼이다. 메타버스 플랫폼 개발에 필요한 역량은 〈메타버스 개발 기술 구성도〉에서 설명하는 것처럼 크게 4가지 영역으로 구성된다. 메타버스 플랫폼은 게임 개발 환경과 밀접한 관계가 있다. 포털, 소셜 미디어와 다르게 메타버스 공간에는 아바타가 존재한다. 게임에도 자신을 대행하는 아바타를 조정하여 미션을 달성한다. 그래서 공간을 만들고 아바타가 그 공간에서 다양한 시나리오에 따라 미션을 수행할 수 있도록 유니티(Unity), 언리얼(Unreal) 도구를 활용하여 게임 클라이언트[34]를 개발한다. 유니티는 C#,

---
34) 게임 플레이어가 바라보는 스크린에 게임의 영상을 시각적으로 처리하는 영역

언리얼은 C++ 개발 언어를 지원한다. 게임 클라이언트는 화면에서 보이는 공간을 디자인하는데 다양하고 화려한 공간을 구성하기 위해서는 건물, 동물, 자연환경 등 이미지가 필요하다. 이때 3D 맥스(Max), 블렌더(Blender)와 같은 3D 모델링 도구를 사용한다. 메타버스 플랫폼을 개발할 때도 대체로 유니티, 언리얼을 사용한다. 언리얼은 실사와 같은 영상이 필요한 경우 사용한다. 주로 디지털 아트 전시, 디지털 트윈, 판타지와 같은 이미지를 만들 때 사용한다. 유니티가 언리얼에 비해 영상미가 떨어지지 않으나 메타버스 플랫폼의 영상 이미지 컬러와 해상도를 고려해서 게임 클라이언트를 선정해야 한다. 게임 서버는 게임 클라이언트에서 아바타의 이동과 미션 선택에 따른 이벤트를 처리해서 게임 클라이언트에게 결과를 보내주는 역할을 한다. 다양한 게임 서버 도구가 있는데 대표적으로 포톤(Photon), 아이펀(IFun)이 있다. 아바타가 사람에 의해서 통제되는 예도 있지만 AI 기반 아바타도 존재하는데 제3의 아바타가 AI 기반 아바타에게 말을 걸어올 때 STT(Speech To Text) 기능을 활용하여 말을 텍스트로 변환하여 AI 알고리즘을 통해서 적절한 답변을 TTS(Text To Speech) 기능을 사용하여 질문했던 아바타에게 음성으로 답을 한다. 블록체인 기반의 가상화폐는 아바타가 상품, 서비스를 구매하는 경우 거래하는 수단이다. NFT는 디지털콘텐츠를 NFT로 전환(민팅, Minting)[35]하고 구매·판매할 수 있게 지원한다. 메타버스 개발자가 4가지 영역을 모두 커버할 수 있다면 가장 이상적이나 사실 모두를 잘 할 수는 없다. 그래서 4가지 영역에서 잘 할 수 있는 영역을 정해서 전문화해야 한다. 메타버스 개발자는 자신의 전문 영역을 중심으로 4가지 영역을 조정하고 조율하는 리더가 되어야 한다. 또한, 메타버스 King인 기획자와 긴밀한 소통과 협력은 성공적인 메타버스 플랫폼 개발의 핵심이다.

---

35) 민팅은 블록체인 자산을 생성하는 과정을 위한 작업으로 서로 다른 암호화폐가 상대편 체인에 생성되고 교환되는 것을 의미하며, 마인팅(Miniting)이라고도 하며, 코인을 주조하는 행위를 뜻한다. (해시넷)

● 게이미피케이션 메타버스를 플레이하다

메타버스에 지속적으로 방문하고 장시간 머무르게하는 방법은 게이미피케이션(Gamification) 활용이다. 게이미피케이션은 비게임 분야에 게임적 기법을 활용해 흥미를 끌어내 해당 분야가 지향하는 목표와 효율성을 달성하는 데 있다.

게이미피케이션 참여·몰입 메커니즘

게이미피케이션은 정부 정책 수립에 적극적인 참여 유도, 기업 상품 관심과 구매, 교육 콘텐츠 몰입감과 상호작용 그리고 재미를 유발하여 지속 가능한 관계 유지를 이끌기 위한 최적의 솔루션이다. 게이미피케이션을 메타버스에 도입·활용하기 위해서는 현실 세계에서 유희적인 요소를 도출하여 게임화하는 역량이 필요한데, 이를 위해 예술, 인지심리학, 역사, 과학, 수학, 프로그래밍을 통합적인 사고에 따라 레고블록처럼 조합하는 역량이 요구된다. 게임은 21세기 문화라는 말도 있다. 그야말로 불멸의 역량이다. 기쁜 마음으로 새로운 영역에 다가가는 데 유희는 중요한 요소이다. 실로 다양한 영역이 있는데 새로운 정책, 신상품과 서비스, 신학기 수업 커리큘럼, 대학 강의, 새로운 기술과 지식이 될 수 있다. 익숙하지 않은 대상에 즐겁게 도전할 수 있는 환경을 만들어주는 것이 게이미피케이션이다. 정부에서는 메타버스 전문가 육성을 위해 노력하고 있는데 좀더 세부적인 추진 전략을 세우기 위해 카네기멜런 대학교 엔터테인먼트 테크놀러지 센터의 커리큘럼을 벤치마킹하는 것도 고려할 수 있다. 게이미피케이션은 참여자의 미션에 관심과 참여를 유도하는 단계, 해당 미션을 열정적으로 달성하는 단계, 성공적인 미션 달성에 따라 보상하는 단계, 보상을 실행할 수 있는 가상자산 소유 단계, 가상자산을 사용하여 상품·서비스를 구매하는 단계로 완성된다. 정치·문화·경제·교육·군사·의료 프로세스를 메타버스 공간에 복제하기 위해 게이미피케이션 관점에서 분석하고 기획할 필요가 있다. 로블록스에 '현대 모빌리티 어드벤처'가 있다. 그곳에 방문하면 현대 자동차 시승을 신청하고 시승 미션을 완료하면 코인으로 보상해 주는데 이 코인을 가지고 모자나 옷을 구매할 수 있다. 평이한 보상 프로세스이다. 하지만 현대 자동차는 신상품 정보나 기업의 비전을 노출하고 Z세대와 알파세대에게 현대의 비전과 브랜드의 친밀도를 자연스럽게 높여서 생애 첫 자동차를 구매할 때 그동안 미션 수행으로 모아둔 코인을 사용해서 할인을 받는 게이미피케이션 시나리오가 자연스럽게 그려진다. 대기업과 금융그룹이 메타버스에 관심을 가질 수밖에 없는 이유가 여기에 있다. 곧 찾아올 일상이 게이미피케이션인 알파세대를 맞을 준비는 그들에게 중차대한 일이다.

Chapter **8**

메타버스로 떠나는 여정

- 메타버스 퍼스트 무버 (First Mover)
- 일자리 고갈과 메타버스
- 메타버스 문화를 만들어라

Chapter 8

메타버스로 떠나는 여정

● 메타버스 퍼스트 무버 (First Mover)

인터넷, 소셜 미디어, 모바일 커머스 시장에서 플랫폼은 현재의 경쟁력이며 동시에 미래의 경쟁력이다. 그만큼 플랫폼은 기업의 생존에 핵심이다. 기업은 플랫폼 메이커[36]가 되거나 플랫폼 빌더[37]가 되어야 한다. 카카오톡이 모바일 인스턴트 메시지로 블랙홀 플랫폼이 된 것처럼 모든 길이 로마로 통하듯이 카카오톡은 쇼

---
[36] 플랫폼을 개발할 수 있는 솔루션과 기술 지원.
[37] 플랫폼 메이커의 솔루션과 기술을 활용한 플랫폼 개발.

핑, 금융, 엔터테인먼트, 동영상 공유, NFT 등 새로운 서비스가 레고블록처럼 확장된다. 생각하면 만들어지는 알라딘의 마술 램프이다. 빅테크 기업이 플랫폼으로 경쟁 우위와 시장지배력을 유지·확대했듯이 인터넷, 소셜, 모바일에 이어 새로운 기회의 공간인 메타버스 플랫폼 선점을 위한 경쟁이 이미 시작되었다. 메타버스 플랫폼의 강자로 부상할 세 개의 빅테크 기업으로 마이크로소프트, 엔비디아 그리고 메타를 들 수 있다. 유형으로 구분하면 마이크로소프트와 메타는 지원하는 범위에 차이가 있으나 대체로 원격·협업 업무, 커뮤니케이션, 엔터테인먼트에 적합한 메타버스 플랫폼이다. 그래픽카드 제조사로 유명한 엔비디아는 제조설계의 원격협력 디자인, 영화·애니메이션 CG, 시뮬레이션에 특화되었다. 마이크로소프트는 가장 이상적이고 잘 정의되고 구성된 메타버스 플랫폼 생태계를 가지고 있다. 마이크로소프트의 메타버스 플랫폼[38]은 〈마이크로소프트 메타버스 생태계〉처럼 구성된다. 마이크로소프트 메타버스 플랫폼은 윈도즈를 중심으로 메타버스 생태계를 융합해서 공공·기업·시민이 참여하여 생산적인 활동을 할

---

38) 엔터테인먼트 영역은 마인크래프트, 블리자드, XBOX, 오피스 영역은 파워포인트, 엑셀, 워드, 공동작업·공유/협업 영역은 팀즈, AR 영역은 메시(Mesh), VR 영역은 알트스페이스VR(AltSpaceVR)로 구성된다.

수 있는 공간이 마이크로소프트 월드이다. 오피스에 작업한 파워포인트로 작성한 보고서를 메시에서 홀로렌즈를 통해서 함께 리뷰할 수 있고 마인크래프트에서 동료들과 게임을 할 수도 있고 알트스페이스VR에서 오큘러스를 착용해서 몰입감 높은 컨퍼런스에 참여할 수 있다. 그리고 팀즈에서 화상회의를 하다가 알트스페이스VR 월드에 이동해서 아바타로 회의를 할 수 있다. 아니면 메시로 이동하거나 아니면 블리자드로 가서 점심 내기 게임을 하는 것도 가능하다. 이처럼 다양한 서비스를 젠더, 세대에 따라 조합해서 새로운 서비스를 동적으로 만들어낼 수 있다. 상상할 수 있는 세상의 모든 메타버스 컴포넌트를 확보하였다. 하지만 구슬이 서 말이라도 꿰어야 보배인 것처럼 이용자가 쉽고 빠르게 마이크로소프트 메타버스 플랫폼 생태계에서 정보를 생산·소비할 수 있는 전략적 접근이 성공 열쇠이다.

마이크로소프트 메타버스 생태계

　엔비디아는 AI의 알고리즘(자연어, 영상·음성 처리)을 계산하기 위한 그래픽카드(GPU)의 독보적인 지배력을 기반으로 GPU 기반 실시간 3D 시각화 협업 플랫폼 옴니버스(Omnibus)를 제공하고 있다. 엔비디아 옴니버스 플랫폼은 제조설계, 건축, 영화·애니메이션 디자인·시뮬레이션 관련 제작 솔루션[39]을 제공하여 옴니버스 플랫폼에서 원격협력 디자인 작업을 할 수 있고 대용량 데

---

39) Maya, Revit, Unity, Houdini, Adobe 등 제조설계 디자인, 시각화, 시뮬레이션 솔루션을 제공·추가한다. Maya(마야)는 3D 애니메이션 소프트웨어 응용 프로그램으로 복잡한 반사, 애니메이션 및 입자 시스템과 같은 다양한 효과를 생성하는 데 사용한다. Revit(레빗)은 건축가, 조경 건축가, 구조 엔지니어, 기계, 전기 및 배관 엔지니어, 설계자를 위한 건축 정보 모델링 소프트웨어이다. Houdini(후디니)는 폭발, 화염, 연기, 모래, 유체 등의 특수효과를 전문적으로 생성하는 소프트웨어이다. (위키백과)

이터 시뮬레이션과 분석을 할 수 있으며 AI를 활용하여 예측할 수 있다. VR/AR 디바이스를 활용하여 몰입감 높은 시뮬레이션과 AI 데이터 예측을 눈앞에서 아바타와 함께 공유하고 협의하고 결론을 도출할 수 있도록 한다. 엔비디아 옴니버스는 설계 디자인 중심의 메타버스 플랫폼이며 옴니버스에서 레빗(Revit)으로 디자인한 건축물을 원격에서 검토하고 교통량, 사람의 이동, 날씨 등에 따른 건물 변화 시뮬레이션을 하여 최종 건물 디자인 시안을 결정하여 현실 세계에서 건물을 완성하여 종국에는 가상 세계와 현실 세계에 동시에 건물이 존재하는 디지털 트윈이 만들어진다.

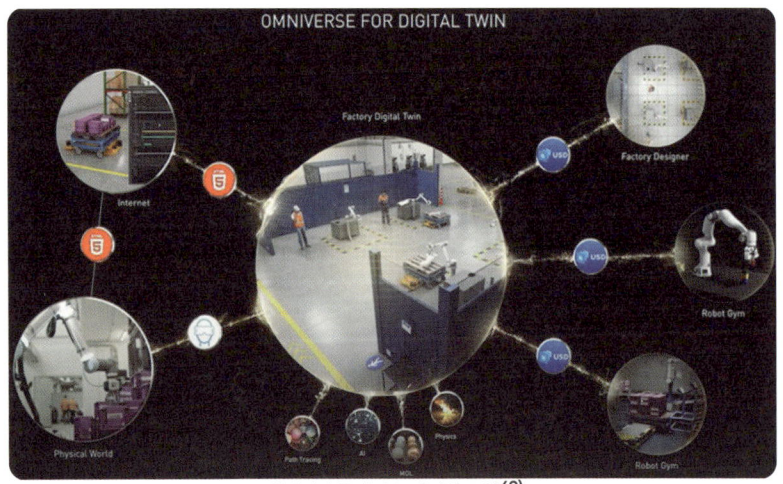

엔비디아 옴니버스 디지털 트윈[40]

40) GTC November 2021 Keynote

메타는 메타버스 플랫폼 호라이즌 월드와 VR 디바이스 오큘러스를 활용하여 페이스북처럼 메타버스 주도권을 확보하기 위해 전력투구를 하고 있다. 마이크로소프트 메타버스 플랫폼 생태계와 비교하면 다양성이 부족하고 엔비디아 옴니버스 플랫폼처럼 전문 영역이 없는 게 약점이다. 호라이즌 월드 기반은 VR 디바이스를 사용해야 하는데 이 부분이 메타의 한계이다. 메타의 전신은 소셜 미디어 페이스북이다. 따라서 이용자의 특성은 B2C 형태를 가져서 일반 사용자가 호라이즌 월드에 접속하여 VR 디바이스를 머리에 장시간 쓰고 정보를 생산·소비하는 과정이 불편하다. 한 번은 호기심에 접속하지만, 지속적으로 호라이즌 월드에 방문할 수 있는 동기와 의지를 고취하는 데 한계가 있다. 그런데 B2B 기업 이용자는 원격 협력 업무, 교육, 세미나 등 참여 목표가 명확하여 B2C보다 호라이즌 월드에 대한 니즈가 높다. 관건은 메타가 익숙했던 B2C에서 벗어나 B2B 시장으로 전환을 얼마나 빠르게 실행하느냐이다. 애플과 구글은 마이크로소프트, 엔비디아, 메타처럼 메타버스 시장에 집중하지 않은 것으로 보이지만 독보적인 플랫폼을 보유하고 있어 결심만 한다면 메타버스 시장에 강력한 강자가 될 잠재력은 차고 넘친다.

● **일자리 고갈과 메타버스**

"언택트라는 말이 코로나19 때문에 2년 늦게 시선을 받기 시작했다. 전 세계적으로 '코로나로부터의 안전'을 보장받을 수 있는 마치 성스러운 단어처럼 언택트(Untact)를 언급하지만, 실상은 대량 이직이나 대량 실업이 불가피한 거대한 파괴의 단어이다."[41]

공항이나 철도역에서 자주 보는 현수막이 '주차요금 징수 무인화 반대'이다. 대형 할인점, 가맹점, 서비스업의 무인화는 코로나의 언택트가 가속화를 더욱 촉진시킨다. 앞으로 무인화는 더 확대되고 확산 속도는 더욱더 빨라질 것이다. 일자리 고갈이 심각하다. 메타버스는 지금의 Z세대보다 다가오는 미래 알파세대를 위한 공간이라고 하였다. 하지만 시니어세대에게도 메타버스는 새로운 기회를 창출할 수 있는 공간이다. 사실 창업을 하기 위해서는 시장에 통할 수 있고 니즈가 있는 서비스와 콘텐츠가 있어야 하고 사무 공간을 마련할 수 있는 공간 비용이 충족되어야 한다. 서비스와 콘텐츠는 개인의 역량이지만 공간 확보 비용은 금전적인 문제로 창업에 걸림돌이 된다. 창업이 아니더라도 전시회,

---
41) 「4차 산업혁명을 주도할 6가지 코드」 서평 중

이벤트·행사에 공간 대관료는 부담스러운 게 사실이다. 메타버스는 이런 공간 비용의 한계를 극복할 수 있는 유일한 대안이다. 시니어는 전문 영역에서 일한 지식과 경험을 보유하고 있다. 시니어의 노하우, 인사이트와 통찰력은 MZ세대의 불필요한 실수에 따른 비용을 확실히 줄일 것이다. 시니어의 경험은 메타버스에서 서비스화되어 새로운 기회를 만들어 줄 것이다. 일부 시니어들도 메타버스에 관심을 가지고 제페토, 로블록스 월드에 들어가 보지만 10분을 못 버티고 나온다. 그 이유는 당연하다. 홍대 20대 클럽에 힙합 복장을 하고 들어가는 것과 같다. 들어갈 수도 없지만 들어간다고 해도 어울릴 수 없다. 시니어가 메타버스에서 새로운 기회를 잡고 싶다면 자신의 경험, 지식과 콘텐츠를 가장 잘 표현할 수 있는 메타버스 플랫폼을 찾아서 인생 2막을 시작해야 한다. 콘텐츠를 잘 전달할 수 있는 메타버스 플랫폼을 찾았다면 기능을 배우고 실행하라.

● **메타버스 문화를 만들어라**

　기업에서 인공지능을 도입할 때 주저하는 경우가 있다. 인공지능을 도입한다고 바로 효과를 얻을 수 없다는 이유이다. 인공지능 알고리즘이 있다고 바로 쓸 수 없다. 정확한 예측을 하기 위해서는 데이터를 수집해서 학습을 시켜야 한다. 학습을 시켰다고 예측의 정확도가 높아지지 않는 경우도 있어 다시 학습을 반복시켜야 한다. 이런 과정은 시간과 추가 비용이 든다. 하지만 이런 과정을 극복해야 똑똑한 인공지능 알고리즘을 가질 수 있다. 똑똑한 인공지능 알고리즘을 개발할 수 있는 역량은 이런 과정을 통해서 만들어지고 노하우가 축적된다. 그래서 인공지능을 도입한다면 하루라도 빨리 시작하라고 말한다. 많은 기업이 확보한 인공지능 개발 역량을 지속적으로 축적하고 발전시키기 위해 인공지능 전문 자회사를 갖거나 전담조직을 만든다. 그만큼 인공지능은 기업의 역량과 가치를 높이는 핵심 기술이며 경쟁력을 유지하고 생존하기 위해 반드시 확보해야 할 블루칩(Blue Chip)이다. 인공지능을 잘하는 회사는 경쟁력 있는 인재들이 모여든다. 인공지능처럼 기업이 추가 도입할 대상이 메타버스이다. 메타버스는 인공지능처럼 도입 과정에 시간과 비용 그리고 참을성이 요구된다. 아무리 좋은 기술이라도 조직 구성원의 참여 없이는 업무 프로세스에 스며들지 않는다. 메타의 호라이즌 월드를 경험한 사람들이 종종 이런 말을 한다. "이전에 경험하지 못한 몰입감과 부가 기능이 대단히 인상적이다. 호라이즌 월드에서 제공하는 기능에 탄성을 자아낸다." 그런데 "이걸 어디에서 쓰지? 매번 장시간 VR 디바이스를 머리에 쓰는 일도 쉬운 일이 아니다."라는 회의적인 말을 한다. 호기심에서 시작된 메타버스가 정착하지 못하는 주된 이유이다. 메타버스의 진정한 주인이 알파세대이지만 알파세대가 오기도 전에 메타버스가 정착에 실패한다면 메타버스는 다시 과거로 사라진다. 기업이 클라우드, 사물인터넷, 빅데이터, 인공지능, 블록체인 등 최신 기술을 도입하여 DX를 하는 이유는 업무 프로세스의 자동화와 지능화를 실현하는 데 그 목적이 있다. 얼마나 잘 고객의 마음을 읽고, 얼마나 빨리 제품을 잘 만들고, 얼마나 빨리 마케팅을 잘해서, 얼마나 빨리 제품을 소개하고, 얼마나 빨리 제품의 점유율을 높이고, 얼마나 빨리 배송하고 얼마나 빨리 잘 고객의 불편함을 해결해 주느냐가 DX를 하는 핵심 이유이다. 기업의 DX는 일하는 직원도 언제 어디서든 업무 프로세스에 접속해서 공동 기획·제작할 수 있는 공간을 제공한다. 제품을 기획·개발, 생산·마케팅, 판매·배송, 설치·수리하는 데 메타버스를 활용하여 성공 사례를 만들어야 한다. 사실 익숙하지 않은 새로운 기술을 거부하는 경향은 자연스러운 일이다. 그러나 한 번이 어렵지 두 번부터는 쉽다. 메타버스를 활용하여 서울, 창원, 부산, 보스턴, 프랑스의 전문가들과 공동으로 신상품을 기획하고 디자인 검토 작업을 진행하는 BP 사례(Best Practice)를 만든다면 메타버스에 대한 거부감은 순식간에 사라질 것이다. 기업의 DX를 고도화하는 데 메타버스를 어떻게 활용할지 대상을 찾아서 활용하고 경험하고 개선하는 선순환 과정을 진행하면 자연스럽게 메타버스 역량이 축적될 것이다. "경험을 빨리 축적할 수 있는 알고리즘은 없다(There is no compression algorithm for experience)"라는 말처럼 경험과 노하우는 누가 대신해 줄 수 없다. 곧 다가올 알파세대를 위해 기업 업무 프로세스의 메타버스 전환은 미션 크리티컬한 문제이다(Mission Critical Problem). 기업이 알파세대와 함께 일하고 싶다면 이제 준비를 시작해야 한다. 기업의 메타버스 문화(Metaverse Culture)는 하루아침에 만들어지지 않는다. 메타버스는 지금의 MZ세대를 위한 세계이다. 또한, 대한민국을 이끌 강력한 알파세대의 월드이기도 하다. 결코, 무시할 수 없는 공간이다. 메타버스를 어떻게 준비할지 이제 당신에게 달려 있다.

에필로그

메타버스 유토피아를 소망하며

메타버스에는 수많은 월드가 존재할 것이다. 웹사이트에 블로그가 만들어지고 없어지듯이 메타버스에는 수많은 월드가 생성되고 소멸하고 또 만들어지고 다시 사라질 것이다. 메타버스 월드에서는 시공간을 초월한 광고, 홍보, 전시, 마케팅, 커뮤니티, 창작, 쇼핑 등 다양한 상거래가 이루어질 것이다. 웹에도 다크웹(Dark Web)이 있듯이 메타버스에도 이와 같은 다크 메타버스(Dark Metaverse)가 존재할 것이다. 인터넷이 선순환 창작의 공간이기도 하지만 갈등과 분쟁의 공간이기도 하다. 메타버스도 편견과 차별로 갈등의 월드가 될 수 있다. 알고리즘의 편견(Coded bias) 다큐멘터리는 알고리즘이 인종, 지역, 젠더에 따라 편향성을 가질 때 얼마나 위험한지 잘 보여 주고 있다. 메타버스 기술은 블랙홀처럼 현존하는 클라우드, 사물인터넷, 빅데이터, 인공지능, 블록체인 기술뿐만 아니라 미래 기술도 계속해서 받아들일 것이다. 그런데, 디지털 휴먼도 젠더, 인종, 지역에 편향적이라면 심각한 문제가 아닐 수 없다. 또한, 사람을 대신하는 아바타도 사람과 같은 인격자로 존중받아야 한다. 모임에 참석했는데 모르는 사람이 와서 몸을 만졌을 때 과연 기분이 어떤지는 굳이 설명하지 않아도 알 것이다. 이런 종류의 불쾌감은 메타버스도 다르지 않다. 최신 기술의 집약체인 메타버스는 복잡한 기술 메커니즘에 의해서 작동되고 운영된다. 그만큼 악의적으로 메타버스 월드를 사용하면 기술에 익숙하지 못한 사람들에게는 치명적인 상처를 줄 가능성이 매우 크다. 메타버스 월드에서 차별, 편견, 악의적인 행동, 범죄에 미리 대처할 수 있는 시스템과 법 제도를 준비해야 한다. 누구나 안심하고 창조적인 활동을 지원하는 선순환 메타버스를 위한 윤리와 법 제도를 지키고 집행하는 메타버스 경찰청도 고려해야 한다. 현실 세계와 가상 세계를 연결하는 메타버스 월드는 현실 세계에서 생각하는 일이 가상 세계에서도 일어날 것이다. 그것도 더욱 쉽게 말이다. 메타버스가 개인 분만 아니라 가정, 기업 그리고 국가 시스템을 글로벌 수준으로 도약할 수 있는 선순환 기회의 공간으로 활용되기를 소망한다.

감사의 글

옥준 씨를 그리워하며

　이 책을 쓸 수 있는 동력을 만들어주신 분들께 감사를 드립니다. 첫 메타버스 강연을 시작할 수 있게 해 주신 이화여자대학교 양희동 교수님께 감사함을 전한다. 첫 메타버스 강의를 할 수 있게 추천해 주신 비즈웨이브 윤현주 대표님께 감사함을 전한다. 첫 메타버스 영어 수업을 할 수 있게 추천해 주신 전략과 실행 이혁수 대표님께 감사함을 전한다. 줌바시에서 메타버스 강연을 할 수 있도록 준비해 주신 HIM변화디자인연구소 허일무 대표님께 고마움을 전한다. 국제 게임 행사 지스타(G-Star)에 메타버스 발표자로 추천해 주신 한국게임산업협회 정승우 과장님께 감사함을 전한다. 메타버스 강연과 평가 위원으로 추천해 주시고 메타버스 확산에 최선을 다하시는 디캐릭 최인호 대표님께 감사함을 전한다. 자기 일처럼 관심을 가지고 의견을 준 LG CNS 박승용 책임님께 감사함을 전한다. 국내외 투자와 IT 전문가에 소개해 주시고 네트워크를 충만하게 해 주시는 킨텍스 정형필 지사장님께 항상 고마움을 간직한다. 최신 기술 트렌드를 분석하고 세상에 이롭게 활용할 수 있도록 전략을 수립하고 실행하시는 영원한 멘토 서강대학교 현대원 교수님께 감사함을 전한다. IT 기술에 디자인 사상과 원리를 조합하고 융합할 수 있는 가르침을 주신 서울과학기술대학교 강태임 교수님께 감사함을 전한다. 신사업 모델을 개발할 수 있게 관심과 격려를 아끼지 않고 지원해 주신 LG CNS 진충렬 담당님께 감사함을 잊지 않는다. 이 책이 출간될 수 있도록 지원해 주신 안드레의바다 백송이 대표님께 감사함을 전한다. 항상 새로운 기술을 접하고 새로운 아이디어로 충만할 수 있는 창조적인 공간을 만들어주는 LG CNS에 감사함을 가진다. 그리고 로블록스와 마인크래프트 게임의 동향과 인사이트를 주는 알파세대 라경과 응원과 격려를 아끼지 않는 든든한 후원자 영미씨에게 고마움과 사랑을 전한다.

"하나의 책은 혼자 힘으로 만들어지지 않고 네트워크에 연결된 사람들과 소통, 교류하는 과정에서 자연스럽게 만들어지는 산출물이다."